Erfolgreich handeln und verkaufen in Tourismus- und Reiseunternehmen

Lösungen

von
Stephan Bäcker
Tobias Große Wentrup
Monika Horn
Andreas Nöthling
Arno Platz
Uwe Scheid

unter Mitarbeit der Verlagsredaktion

Sehr geehrte Damen und Herren,

dieses Lösungsheft soll Ihnen die Arbeit mit dem Lehrbuch erleichtern.

Die Autoren und wir haben mit großer Sorgfalt gearbeitet und darauf geachtet, dass sich keine Fehler einschleichen. Sollten Sie dennoch auf Unstimmigkeiten stoßen, so bitten wir um Nachsicht. Für Hinweise auf falsche Angaben wären wir Ihnen sehr dankbar.

Wir wünschen Ihnen viel Freude und Erfolg mit Winklers Büchern.

Mit freundlichen Grüßen

IHR WINKLERS TEAM

Übereinstimmend ab 4. Auflage
des Lehrbuches (Bestell-Nr. 5053)
Druck 1, Herstellungsjahr 2013
© Bildungshaus Schulbuchverlage
Westermann Schroedel Diesterweg
Schöningh Winklers GmbH
Postfach 33 20, 38023 Braunschweig
service@winklers.de
www.winklers.de
Druck: westermann druck GmbH, Braunschweig
ISBN 978-3-8045-5054-4

Lernfeld 1

S. 18 (Aufgaben zu Kapitel 1)

1 Das **Berufsbildungsgesetz (BBiG)** ist die Grundlage der Berufsausbildung. Es regelt Rechte und Pflichten des Auszubildenden und seinen Vergütungsanspruch während der Berufsausbildung. Es beschreibt die Aufgaben der Handwerkskammern und der Industrie- und Handelskammern bei der Berufsbildung sowie die persönliche und fachliche Eignung der Ausbilder.
Zusatzinformation: Das BBiG behandelt die berufliche Bildung, soweit sie nicht in berufsbildenden Schulen durchgeführt wird. Das berufsbildende Schulwesen wird durch die Schulgesetze der Bundesländer gestaltet.

2 Die grundlegenden Rechtsvorschriften sind das Berufsbildungsgesetz, wie in Antwort 1 beschrieben, die Ausbildungsordnung des jeweiligen Ausbildungsberufes und das Jugendarbeitsschutzgesetz.
Die **Ausbildungsordnung (AO)** soll sicherstellen, dass der betriebliche Teil der Ausbildung, unabhängig vom Ausbildungsbetrieb, praktisch und inhaltlich vergleichbar ist.
Das **Jugendarbeitsschutzgesetz (JArbSchG)** verbrieft Jugendlichen einen besonderen Schutz, da ihre körperliche und geistig-seelische Entwicklung noch nicht abgeschlossen ist.

Die wichtigsten Rechtsquellen des Berufsbildungsrechtes im Überblick:
I Gesetze
Berufsbildungsgesetz (BBiG), Bürgerliches Gesetzbuch (BGB), Jugendarbeitsschutzgesetz (JArbSchG), Arbeitszeitgesetz (ArbZG), Bundesurlaubsgesetz (BUrlG), Entgeltfortzahlungsgesetz (EFZG), Mutterschutzgesetz (MuschG), Bundeserziehungsgeldgesetz (BErzGG), Tarifvertragsgesetz (TVG)
II Rechtsverordnungen
Ausbildungsverordnungen gemäß § 4 BBiG und Erprobungsverordnungen gemäß § 6 BBiG, Ausbildereignungsverordnungen gemäß § 30 V BBiG, Rechtsverordnungen für Fortbildungsprüfungen (§ 53 BBiG)
III Kammerrecht
Prüfungsordnungen gemäß § 47 BBiG, Rechtsvorschriften für die Prüfung von Zusatzqualifikationen für Auszubildende (§ 9 BBiG)
IV sonstige Rechtsquellen
Berufsausbildungsvertrag, Tarifverträge, Betriebsvereinbarungen, betriebliche Übungen, der Gleichbehandlungsgrundsatz, das Direktionsrecht, das Richterrecht

3 Ohne **Registrierung des Ausbildungsvertrages** bei der zuständigen Industrie- und Handelskammer keine Zulassung zur Abschlussprüfung.

4 Das BBiG schreibt die **Inhalte eines Ausbildungsvertrages** vor, um eine einheitliche Ausbildung zu sichern.
Grundsätzlich ist keine Form geboten. Der Berufsausbildungsvertrag kann daher regelmäßig formlos, also mündlich, geschlossen werden, muss dann aber gemäß § 11 BBiG schriftlich fixiert werden. In die Niederschrift sind mindestens die im Buch auf S. 12 abgedruckten Angaben zwingend aufzunehmen.

5 Die folgenden **Verstöße** sind zu nennen:
a) Verstöße gegen Dienstleistungs- und Gehorsamspflicht.
b) Verstoß gegen Gehorsamspflicht
c) Verstöße gegen Dienstleistungs- und Gehorsamspflicht
d) Verstoß gegen Schweigepflicht
e) Verstoß gegen die Pflicht, ein Berichtsheft zu führen
f) Verstöße gegen Fürsorgepflicht und Ausbildungspflicht (es sei denn, die Reparaturarbeiten gehören zu den Inhalten des zu erlernenden Ausbildungsberufes)
g) Verstoß gegen Ausbildungspflicht
h) Verstoß gegen die Pflicht zur Bereitstellung von Arbeitsmaterial
i) Verstoß gegen die Pflicht zur Freistellung für den Berufsschulunterricht
j) Verstoß gegen Lernortkooperation
k) Verstoß gegen Vergütungsanspruch

6 In der Berufsschule wird auf der Grundlage eines Rahmenlehrplanes unterrichtet. Sie ist für die Vermittlung der Lerninhalte des **Rahmenlehrplanes** verantwortlich.

7 Schülerspezifische Antworten.
Die **Lerninhalte** können die Schüler dem im Lehrbuch auf den Seiten 15–16 abgedruckten Inhalten des Ausbildungsrahmenplans, den zugänglichen Medien oder dem für sie im Betrieb erstellten individuellen Ausbildungsplan entnehmen.

8 Schülerspezifische Antwort.
Grundsätzlich muss das **Ausbildungsverhältnis** bis zum nächstmöglichen Wiederholungstermin für die Abschlussprüfung verlängert werden.

Zusatzaufgaben DVD (Aufgaben zu Kapitel 1)

9 Schülerspezifische Antwort.
Beispiele für **Fort- und Weiterbildungsmöglichkeiten** und Studiengänge zum/zur Tourismusfachwirt/-in (IHK), zum *Bachelor of Arts (B. A.) in Tourism and Travel Management,* zum *Master of Arts (M. A.) in Tourism and Travel Management* (beide z. B. an der FH Worms).

10 Berufsausbildungsverhältnis von Helena Umstadt:
a) Die **Probezeit** endet am 30.11.2009. Sie beträgt genau vier Monate.
b) Der Ausbilder kann keinen Schadensersatz verlangen, da die Mindestanforderung (31.08.2009 = ein Monat) bereits verstrichen war.
c) Das Ausbildungsverhältnis endet am 27.06.2012, mit dem Bestehen der mündlichen Prüfung.

S. 33 (Aufgaben zu Kapitel 2)

1 Das **Arbeitsrecht** umfasst die Bereiche individuelles und kollektives Arbeitsrecht.

2 Das **individuelle Arbeitsrecht** regelt die Rechtsbeziehung zwischen einzelnen Arbeitgebern und einzelnen Arbeitnehmern.

3 Der **Arbeitsvertrag** stellt ein Dauerschuldverhältnis zum Austausch von Arbeitsleistung und Vergütung dar.

4 Bei einem **befristeten Arbeitsvertrag** müssen Dauer und Umfang der Anstellung sachlich begründet sein.

5 Wenn die gesetzlichen Vertreter (die Eltern) eines 17-Jährigen ihre Zustimmung verweigern, kann **kein Arbeitsvertrag** zustande kommen. Begründung:
§ 11 BBiG, Vertragsniederschrift, Absatz 2: „Die Niederschrift ist von den Ausbildenden, den Auszubildenden und deren gesetzlichen Vertretern und Vertreterinnen zu unterzeichnen."

6 Schülerspezifische Antwort.
Die **Gesetzmäßigkeiten** bezüglich
a) Dienstort,
b) Ausbildungsvergütung,
c) Abgeltung von Mehrarbeit und
d) geltende Kündigungsfristen für einen Ausbildungsvertrag, sind dem BBiG und der geltenden AO zu entnehmen.

7 Schülerspezifische Antwort.
Die **darzustellenden Begriffe** erklären sich aus § 14 BBiG (Fürsorgepflicht, Lehrbuch S. 19) oder § 618 BGB (Arbeitsverhältnis, Lehrbuch S. 21), der Definition des § 3 Absatz 1 Bundesdatenschutzgesetz (BDSG, personenbezogene Daten) und § 630 BGB (Zeugnispflicht, Lehrbuch S. 22).

8 Schülerspezifische Antwort.
Die zugrunde liegenden Gesetzmäßigkeiten des BBiG und des BGB sollen mithilfe der Ausführungen im Lehrbuch oder der den Schülern zugänglichen Medien recherchiert werden. Die genannten Sachverhalte stellen generell die **folgenden Verstöße** dar:

a) Verstoß gegen Vergütungspflicht
b) Verstoß gegen Fürsorgepflicht
c) Verstoß gegen Lernortkooperation (Ferien)

d) Verstoß gegen Urlaubsanspruch
e) Verstoß gegen Vergütungsanspruch
f) Verstoß gegen Zeugnispflicht

9 Die **Nebentätigkeit** des Mitarbeiters in einem Reisebüro ist nicht erlaubt. Begründung: „Kaufmännische Angestellte dürfen kein eigenes Handelsgewerbe aufnehmen … im Hinblick auf eine Reisevermittlungstätigkeit würde auch ein Verstoß gegen das … Wettbewerbsverbot vorliegen." (vgl. § 60 HGB Absatz 1).

10 Die **Kündigungsfrist** beträgt bei fünf Jahren Betriebszugehörigkeit zwei Monate, bei acht Jahren Betriebszugehörigkeit drei Monate, jeweils zum Monatsende.

11 Mütter und Betriebsratsmitglieder stehen gemäß § 9 Mutterschutzgesetz und § 15 Kündigungsschutzgesetz unter **besonderem Kündigungsschutz**. Begründungen: Betriebsratmitglieder müssen in „gleicher Augenhöhe" mit den Personalverantwortlichen verhandeln können und das Mutterschutzgesetz soll Leben und Gesundheit der werdenden oder stillenden Mutter schützen.

12 Eine **Abmahnung** dient dazu, einen Arbeitnehmer auf sein Fehlverhalten hinzuweisen und bei weiteren Vorfällen ggf. eine Kündigung aufgrund des Fehlverhaltens aussprechen zu können.

13 Die **Kündigungsfrist für den Auszubildenden** beträgt nach der Probezeit vier Wochen.

14 Schülerspezifische Begründungen.
Generell gilt für eine **fristlose Kündigung**:
a) Sie ist nicht gerechtfertigt, da sie zu spät nach dem Vorfall ausgesprochen wurde.
b) Sie ist hier nicht gerechtfertigt, es wird aber eine Abmahnung erfolgen.
c) Es kommt eventuell zu einer Abmahnung. Bei größerem Schaden für die Mitarbeiterin ist aber eine fristlose Kündigung der beiden Mitarbeiter gerechtfertigt.

15 Mit diesen **Fristen** kann den genannten Personen gekündigt werden:
a) zwei Monate
b) vier Monate
c) erst vier Monate nach der Entbindung
d) zuerst nicht, denn Umsetzungsmöglichkeiten müssen überprüft werden
e) Kündigung nicht möglich
f) ordentliche Kündigung nicht möglich
g) fristlose Kündigung möglich

16 Schülerspezifische Antwort.
Beispiele für Nennungen sind: Diebstahl, Mobbing, Verletzung der Schweigepflicht.

17 Der Betriebsrat kann gemäß **Betriebsverfassungsgesetz** einer ordentlichen Kündigung innerhalb einer Woche, einer außerordentlichen Kündigung binnen drei Tagen widersprechen. Außerdem ist der Betriebsrat vor jeder Kündigung zu hören (§ 102 BetrVG). Eine **Kündigung ohne Anhörung** des Betriebsrates ist unwirksam!
Zusatzinformation: Der Betriebsrat kann der ordentlichen Kündigung gemäß § 102 Absatz 3 BetrVG widersprechen, wenn:
– der Arbeitgeber bei der Auswahl des zu kündigenden Arbeitnehmers soziale Gesichtspunkte nicht oder nicht ausreichend berücksichtigt hat,
– die Kündigung gegen eine Auswahlrichtlinie nach § 95 BetrVG verstößt,
– der zu kündigende Arbeitnehmer an einem anderen Arbeitsplatz im selben Betrieb oder in einem Betrieb des Unternehmens weiterbeschäftigt werden kann,
– die Weiterbeschäftigung des Arbeitnehmers nach zumutbaren Umschulungs- oder Fortbildungsmaßnahmen möglich ist oder
– eine Weiterbeschäftigung des Arbeitnehmers unter geänderten Vertragsbedingungen möglich ist und der Arbeitnehmer sein Einverständnis hiermit erklärt hat.

18 Das **Arbeitsschutzrecht** dient dem Schutz aller Arbeitnehmer vor den gesundheitlichen Gefahren des Arbeitslebens. Spezielle Arbeitnehmerschutzbestimmungen sind geregelt für: Frauen, werdende und stillende Mütter, Jugendliche (und Kinder), Heimarbeiter/innen und Bundesbedienstete.

19 Nach einer Arbeitszeit von sechs Stunden ist eine **Pause** von mindestens 60 Minuten zu gewähren.

20 Das Bundeserziehungsgeldgesetz (BErzGG) bezieht auch **Väter** mit ein, sofern sie ihr Kind selbst betreuen.

21 Schülerspezifische Antworten.

22 Schülerspezifische Antwort.
Generell gilt: Das **Jugendarbeitsschutzgesetz** soll Jugendliche vor Überforderung und vor Gesundheitsschäden schützen.

23 Antworten zu § 16 JArbSchG:
a) Nein, der Zeitausgleich für die Samstagsarbeit muss in anderer Form gewährleistet werden, da Berufsschulunterricht als ganzer Arbeitstag gilt.
b) Bei volljährigen Auszubildenden ist eine Verrechnung möglich, da hier nur die effektive Schulzeit zuzüglich der Wegzeit von der Schule zum Ausbildungsplatz zählt.

Zusatzaufgaben DVD (Aufgaben zu Kapitel 2)

24 Die volljährige Auszubildende Eva Wilhelm:
a) Die reguläre **Arbeitszeit** beträgt acht Stunden, die am Berufsschultag geleistete Schulzeit beträgt inklusive Wegezeiten sieben Stunden und 55 Minuten; die Restarbeitszeit ist dann kleiner als 20 Minuten und entfällt. Eva muss an einem **Berufsschultag** gar nicht mehr am Counter arbeiten.
b) Ist Eva noch minderjährig, so gilt für den ersten Berufsschultag: Befreiung, für den zweiten Berufsschultag: 45 Minuten.

25 Schülerspezifische Antworten.
Als Lösungshilfe zur individuellen Erarbeitung können Beispiele im Hinblick auf die Umsetzung von § 4 ArbSchG Allgemeine Grundsätze im Betrieb und während der eigenen Arbeit dienen. Sie sind im Lehrbuch auf S. 27 abgedruckt. Außerdem können Kollegen und Vorgesetzte befragt und Gesetzesaushänge oder zugängliche Gesetzesunterlagen im Betrieb konsultiert werden.

26 Das **Arbeitsgericht** ist zuständig für arbeitsgerichtliche Angelegenheiten, also Rechtsstreitigkeiten, wie z. B. zwischen Arbeitnehmern und Arbeitgebern, zwischen Tarifvertragsparteien, bei Arbeitskämpfen, in Angelegenheiten aus dem Betriebsverfassungsgesetz, Sprecherausschussgesetz, Mitbestimmungsgesetz.

27 Die **örtliche Zuständigkeit** der Arbeitsgerichte ergibt sich aus dem Erfüllungsort des Arbeitsverhältnisses oder aus dem Sitz der juristischen Person.

28 Berufungsinstanz ist das Landesarbeitsgericht, **Revisionsinstanz** ist das Bundesarbeitsgericht.
Mit **Berufung** wird eine vollständige erneute Verhandlung in einer zweiten Tatsacheninstanz bezeichnet. Das heißt, es wird auch eine Beweisaufnahme durchgeführt und auf deren Basis ein neues Urteil gefällt.
Ist eine Berufung vorgesehen, muss man grundsätzlich gegen erstinstanzliche Urteile zunächst in Berufung gehen, bevor man Revision einlegen kann.
Mit **Revision** wird eine weitere Verhandlung in einem bereits entschiedenen Fall bezeichnet, bei der nicht mehr der gesamte Fall neu verhandelt wird, sondern nur noch über die vom Revisionsführer gerügten Rechtsmängel entschieden wird. Die Revision schließt sich in der Regel an das Berufungsverfahren an.

29 Die ordentliche Gerichtsbarkeit kennt grundsätzlich zwei Verfahrensarten:
Das **Beschlussverfahren** ist ein besonderes Verfahren, unter anderem für Angelegenheiten aus dem Mitbestimmungsgesetz, dem Betriebsverfassungsgesetz und dem Sprecherausschussgesetz. Das Verfahren wird durch einen Antrag (nicht durch eine Klage) eingeleitet. Das Arbeitsgericht entscheidet durch schriftlichen Beschluss, eine mündliche Verhandlung ist nicht erforderlich. Beschlussverfahren sind gerichtliche Entscheidungen, die weder Urteil noch Verfügung sind.

Das **Urteilsverfahren** beginnt in der ersten Instanz mit der Klageerhebung und endet i. d. R mit einer gerichtlichen Entscheidung. Durch ein Urteil wird grundsätzlich über eine Klage entschieden.

30 Auch Arbeitnehmer mit geringem Einkommen sollen das Arbeitsgericht anrufen können.

S. 58 (Aufgaben zu Kapitel 3)

1 Unter **Versicherungpflicht** wird die gesetzliche Zwangsmitgliedschaft von Arbeitnehmern in der Sozialversicherung verstanden.

2 Durch das Kontrollinstrument **Sozialversicherungsausweis** soll illegale Beschäftigung und Leistungsmissbrauch verhindert werden.

3 **Träger der Sozialversicherungen** sind juristische Personen des öffentlichen Rechts, wie gesetzliche Krankenkassen, Pflegekassen, die Deutsche Rentenversicherung Bund in Berlin, die Bundesagentur für Arbeit, Berufsgenossenschaften und Unfallversicherungsträger der öffentlichen Hand.

4 Auf dem Weg **über die Krankenkassen** werden Arbeitnehmer zur Sozialversicherung angemeldet.

5 Generell können krankenversicherungspflichtige Arbeitnehmer zwischen **Pflicht- und Ersatzkassen** wählen.

6 Die gesetzliche Unfallversicherung berücksichtigt die **Gefahrenklasse** der speziellen Tätigkeit im Betrieb.

7 Schülerspezifische Antworten.
Generell gilt, dass die Geburtenrate und die Zahl der Erwerbstätigen (Zahlen der Beitragszahler) abnehmen und die Zahl der Rentenempfänger steigt. Hieraus ergibt sich ein **zunehmendes Ungleichgewicht** bei der Verteilung der zur Verfügung stehenden, eingezahlten Beträge.

8 Bei **ausgebliebener Anmeldung** durch den Arbeitgeber ist ein neuer Mitarbeiter automatisch bei der ansässigen Ortskrankenkasse (AOK) versichert.

9 Während früher jede Krankenkasse ihren Beitrag individuell festlegen konnte, wird heute ein für alle gesetzlichen Krankenkassen gleicher Beitragssatz vom Gesetzgeber vorgeschrieben. In 2011 beträgt er 15,5 %.
Der **Arbeitgeberanteil** beträgt die Hälfte des um 0,9 % (früherer Zusatzbeitrag) verminderten Beitragssatzes für Pflichtversicherte (15,5 % – 0,9 % = 14,6 %; die Hälfte ist 7,3 %), der Arbeitnehmeranteil 7,3 % + 0,9 % = 8,2 % (§ 249 Absatz 1, SGB V).
Die Krankenkassen können darüber hinaus einen Zusatzbeitrag erheben. Dieser darf maximal ein Prozent des beitragspflichtigen Einkommens betragen. Ohne Prüfung des beitragspflichtigen Einkommens kann die Krankenkasse bis monatlich 8,00 € erheben (SGB V, §§ 271 ff.).

10 Die drei **Träger der gesetzlichen Rentenversicherung** sind die Deutsche Rentenversicherung Bund in Berlin, die Deutsche Rentenversicherung Knappschaft-Bahn-See und die Regionalträger.

11 Schülerspezifische Antworten.
Lösungshilfen und -beispiele sind:
a) Die **demografische Entwicklung** führt infolge dazu, dass die Zahl von Beitrags(ein)zahlern ständig abnimmt, während die Zahl von Leistungsempfängern ständig zunimmt.
b) – Die Entwicklung in Deutschland bleibt gekennzeichnet von sinkenden Geburtenraten bei gleichzeitig steigender Lebenserwartung.
 – Die Rente ist nicht mehr sicher.
 – Kapitalanlagen in Höhe der Rentenversicherungsbeiträge werden auf dem Kapitalmarkt besser verzinst.
 – Die eingezahlten Beiträge bekommt man nicht mehr zurück.
 – Die heutigen Rentner sollten stärker ihr privates Vermögen zur Bestreitung ihres Lebensabends einsetzen.
 – Eine Rentenversicherung braucht man nur dann, wenn Politik und Wirtschaft einem nicht genug übrig lassen und die ersparten Werte ihren Wert verlieren.

12 Schülerspezifische Antwort.
Als Beispiele für Sachbezüge, die wie Arbeitslohn behandelt werden, können Reisepreisermäßigungen und Reisegutscheine genannt werden.

S. 71 (Aufgaben zu Kapitel 4)

1 Das **kollektive Arbeitsrecht** regelt die Rechtsbeziehung zwischen den Sozialpartnern.

2 Aufgaben der
- öffentlich-rechtlichen Arbeitgebervereinigungen ist die berufsständische Vertretung von Arbeitgebern,
- privatrechtlichen Arbeitgebervereinigungen ist die Wahrnehmung der gemeinschaftlichen sozialpolitischen Interessen der Arbeitgeber.

3 Schülerspezifische Antwort.
Generelle **Ziele von Gewerkschaften** sind die Verbesserung der sozialen und wirtschaftlichen Lebensbedingungen von Arbeitnehmern.

4 Der definierte **Geltungsbereich** (räumlich, fachlich und persönlich) bindet alle Mitglieder der Tarifparteien an den abgeschlossenen Tarifvertrag.

5 Eine **Betriebsvereinbarung** kann einen Tarifvertrag nur ergänzen, nicht ersetzen.

6 Schülerspezifische Antworten.
Beispiele: organisierter Streik, Aussperrung

7 Die **Möglichkeiten der Schlichtung** sind privates und behördliches Schlichtungsverfahren. Sie sind im Lehrbuch auf S. 64 f. dargestellt.

8 **Günstigkeitsprinzip** bedeutet, dass z. B. eine Betriebsvereinbarung zu keiner Schlechterstellung gegenüber dem Tarifvertrag führen darf.

9 Nach dem Betriebsverfassungsgesetz sind **unmittelbare Beteiligungsrechte** jedes einzelnen Arbeitnehmers Unterrichtungs-, Anhörungs-, Beschwerde- und Einsichtsrecht in die Personalakte. **Mittelbare Beteiligungsrechte** der Belegschaft sind das Wahlrecht von Betriebsratsmitgliedern und somit die Wahl einer (Arbeitnehmer-)Interessenvertretung.

10 Beschäftigt der Betrieb mindestens fünf Arbeitnehmer/-innen, die das 18. Lebensjahr noch nicht vollendet haben, oder Auszubildende, die das 25. Lebensjahr noch nicht vollendet haben, ist eine **Jugend- und Auszubildendenvertretung** zu wählen.

11 Schülerspezifische Antwort.
Generell gilt: Betriebsratsmitglieder genießen umfassenden Kündigungsschutz, erhalten sachliche und räumliche Mittel und können bezahltes externes Fachwissen in Anspruch nehmen. In Betrieben mit mindestens 100 Beschäftigten sind sie mindestens 60 Stunden pro Jahr bezahlt freigestellt und haben Anspruch auf fünf Tage Schulung.

S. 77 (Aufgaben zu Kapitel 5)

1 Die **Rechtsordnung** hat die Aufgabe, einen angemessenen Ausgleich zwischen den Interessen eines Individuums, einer sozialen Gruppe oder des Staates herbeizuführen.

2 Die **Formen des Rechts** sind: Gewohnheitsrecht, Gesetzesrecht, Vertragsrecht und Richterrecht. Sie sind im Lehrbuch auf S. 72 erklärt.

3 Das **Privatrecht** regelt die Rechtsbeziehungen der Privatpersonen gegenüber anderen Staatsbürgern und privaten Einrichtungen untereinander nach dem Grundsatz der Gleichberechtigung.
Im **öffentlichen Recht** gilt das Prinzip der Unterordnung unter die Staatsgewalt. Es regelt grundsätzlich die Rechtsbeziehungen zwischen einer Privatperson bzw. privaten Einrichtung zum Staat und seinen Einrichtungen.

4 Das öffentliche Recht wird durch **Verwaltungsanweisungen** vollzogen.

5 Schülerspezifische Antwort.
Beispiele sind: Steuerrecht, Sozialrecht, Strafrecht, Verwaltungsrecht.

6 a) Die **Rechtsfähigkeit natürlicher Personen** beginnt mit Vollendung der Geburt und endet mit dem Tod.
b) Die **Rechtsfähigkeit juristischer Personen** beginnt z. B. mit der Eintragung ins Handelsregister (z. B. einer GmbH) bzw. Genossenschaftsregister (beim e. G.) und endet mit der Löschung aus dem entsprechenden Register.

7 Schülerspezifische Erklärung.
Generell gilt: **Rechtssubjekt** ist, wer im Prinzip in der Lage ist, Träger von Rechten und Pflichten zu sein, d. h. Verträge einzugehen.
Beispiele: ein 16-jährige Schüler im Rahmen des Taschengeldparagrafen; ein 20-jähriger Auszubildende kann einen Kreditvertrag abschließen.

8 Bei nicht rechtsfähigen Personenvereinigungen sind die Mitglieder in ihrer Gesamtheit Träger von Rechten und Pflichten.

9 Schülerspezifische Antwort.
Grundsätzlich ist **Geschäftsfähigkeit** die Fähigkeit, am rechtlichen Verkehr, insbesondere durch Abgabe von rechtsbedeutsamen Erklärungen oder den Abschluss von Verträgen, teilzunehmen.

Zusatzaufgaben DVD (Aufgaben zu Kapitel 5)

10 Willenserklärungen von Geschäftsunfähigen oder beschränkt geschäftsfähigen Personen erhalten Gültigkeit, wenn der **gesetzliche Vertreter** seine Zustimmung erteilt.

11 Willenserklärungen gegenüber Geschäftsunfähigen werden erst dann **rechtswirksam**, wenn sie deren gesetzlichen Vertretern zugehen und diese zustimmen.

12 Es soll **beschränkt geschäftsfähigen natürlichen Personen** möglich sein:
– rechtliche Vorteile zu nutzen,
– Mittel, die ihnen für einen bestimmten Zweck oder zur freien Verfügung überlassen wurden, zu nutzen,
– ein Dienst- bzw. Arbeitsverhältnis einzugehen,
– im Rahmen dieses Verhältnisses bzw. eines Geschäftsbetriebes am rechtsgeschäftlichen Verkehr teilzunehmen.
In diesen vier Fällen kann der genannte Personenkreis rechtlich wirksame Willenserklärungen abgeben.

13 Schülerspezifische Antwort.
Die Ergebnisse des Mindmappings sollten zeigen, dass der Umfang der Rechtsfähigkeit im Gegensatz zur Geschäftsfähigkeit nicht vom **Lebensalter** abhängig ist.

14 Die Aussagen hinsichtlich **Deliktsfähigkeit** sind folgendermaßen zutreffend:
a) ja   b) nein   c) ja   d) ja   e) ja

15 Schülerspezifische Antworten.
Mögliche Beispiele sind:
a) Fahrzeuge, Forderungen **(Rechtsobjekte)**,
b) bebaute/unbebaute Grundstücke **(unbewegliche Sachen)**,
c) Aktien, Autoradio **(vertretbare Sachen)**,
d) Tischrechner, Bücher **(bewegliche Sachen)**,
e) Schreibtischstuhl, CD **(Gattungsware)**,
f) Gummibärchen, Zahnpasta **(verbrauchbare Sachen)**,
g) Torte, Kanne mit Kaffee **(teilbare Sachen)**,
h) Besuchersessel, Schreibtischunterlage **(unverbrauchbare Sachen)**,
i) Uhr, Drucker **(unteilbare Sachen)**,
j) selbst verfasster Liedertext, Gemälde eines Kindes **(Speziessachen)**,
k) Anspruch auf Pachtzins, Arbeitsentgelt **(relative Rechte)**,
l) Eigentum an einem Fahrzeug, Urheberrechte an einem Lehrbuch **(absolute Rechte)**.

16 Schülerspezifische Antworten.
Wesentliche Bestandteile des Klassenraumes sind z. B.: Stühle, Bänke, Tafel, PCs.
Unwesentliche Bestandteile des Klassenraumes sind z. B. Wandschmuck, Kalender

17 Kugelschreiber-Leihgabe:
a) Der Kugelschreibergeber ist Eigentümer, der Kugelschreibernehmer ist Besitzer.
b) Sachrechtliche Ansprüche hat der Besitzer, schuldrechtliche Ansprüche der Eigentümer.

18 Eigentumsübertragung durch:
a) Einigung und Übergabe der Sache
b) Einigung
c) Einigung und Abtretung des Herausgabeanspruchs

19 Schülerspezifische Antworten.
Bei dem **Erwerb eines Baugrundstückes** ist/sind z. B.
a) Voraussetzungen: Einigung zwischen Veräußerer und Erwerber, Eintragung ins Grundbuch, notarielle Beurkundung
b) die Rolle des Grundbuchamtes: Das Grundbuch wird beim Grundbuchamt geführt. Es ist ein öffentliches, amtliches Verzeichnis, aus dem die Rechtsverhältnisse an einem Grundstück hervorgehen.
c) Voraussetzung für den Grundbucheintragung: Die Eigentumsübertragung erfolgt erst nach Zahlung der Grunderwerbsteuer.

S. 89 (Aufgaben zu Kapitel 6)

1 **Reisebüros sind Einzelunternehmen** aus Gründen der Sicherheit bei der Fremdfinanzierung (erfolgt häufig über das Privatvermögen), wegen der kleinen Mitarbeiterzahl usw.

2 Die **Vor- und Nachteile des Einzelunternehmertums**:
Vorteil – höhere Bonität; Nachteil – Haftung auch mit dem gesamten Privatvermögen; für die Gläubiger – Sicherheit durch uneingeschränkte Haftung von Geschäfts- und Privatvermögen.

3 Schülerspezifische Antwort.
Lösungsbeispiele: Mein kleines Reisebüro e. K., Alina Bilstein Reisen e. K., Alinas Reiseshop e. K., Reisebüro Bilstein e. K.

4 Der Reisemittler erfüllt folgende Kriterien eines **Gewerbetreibenden**:
– die Tätigkeit ist nicht verboten,
– die Tätigkeit wird mit der Absicht Gewinn zu erzielen unternommen,
– die Tätigkeit ist auf Dauer angelegt (das tatsächliche Ende nach kurzer Zeit ist nicht entscheidend, nur die Absicht zählt!),
– die Tätigkeit wird selbstständig ausgeübt (es existiert kein Arbeitsverhältnis),
– er/sie übt keine Urproduktion (z. B. in Land- und Forstwirtschaft) aus,
– er/sie verwaltet nicht nur eigenes Vermögen,
– er/sie übt keinen freien Beruf aus.

5 Die **Kreditwürdigkeit eines Einzelunternehmens** ist häufig begrenzt durch das Fehlen des notwendigen Eigenkapitals und des Privatvermögens (Haftung).

6 Dem **Handelsregister** sind (in Bezug auf ein Einzelunternehmen) zu entnehmen: Firma, Ort der Niederlassung, Gegenstand des Unternehmens, Inhaber, Prokura.

7 Sie könnte zunächst eine Einzelunternehmung gründen und bei entsprechendem Eigenkapital später eine GmbH.

8 a) Unternehmensformen:
Personengesellschaften sind in erster Linie Gesellschaften des bürgerlichen Rechts (GbR), offene Handelsgesellschaften (OHG), Kommanditgesellschaften (KG) und (mit Einschränkungen) stille Gesellschaften.
Kapitalgesellschaften sind insbesondere die Gesellschaft mit beschränkter Haftung (GmbH) und die Aktiengesellschaft (AG).

b) Die Kapitalgesellschaftsformen bieten den Eigenkapitalgebern i. d. R. eine breitere Eigenkapital-basis.

9 a) Nach deutschem Handelsrecht ist eine **Handelsgesellschaft** die Vereinigung von mehreren Personen zum Betrieb eines Handelsgewerbes unter gemeinsamer Firma, deren Zweck der Betrieb eines Handelsgewerbes ist und als solche Kaufmann ist.

b) Handelsgesellschaften sind nach dem zweiten Buch des HGB die offene Handelsgesellschaft (OHG) und die Kommanditgesellschaft (KG). Zudem gelten die Gesellschaft mit beschränkter Haftung (GmbH) und die Aktiengesellschaft (AG) kraft gesetzlicher Anordnung ebenfalls als Handelsgesellschaften (Formkaufleute).

Zusatzaufgaben DVD (Aufgaben zu Kapitel 6)

10 Schülerspezifische Antwort.
Lösungsbeispiele:
   a) Für die **Gründung einer GmbH** sprechen die breitere Eigenkapitalbasis, der Sachverstand weiterer Gesellschafter und die Arbeitsteilung.
   b) **Kapitalaufbringung:** Mindesteinlage 1,00 € pro Gesellschafter, Stammkapital 10.000,00 €.
   c) Obernauer Reisen GmbH, Reisewelt GmbH

11 a) Errichtet wird eine **GmbH** durch den Gesellschaftervertrag; ihre Entstehung ist mit der Eintragung ins Handelsregister bestätigt.
   b) Schülerspezifische Antwort; eine GmbH besitzt die folgenden Organe:
   Geschäftsführer – ist leitendes Organ; die Geschäftsführung der GmbH kann von einer oder mehreren Personen übernommen werden. Die Kompetenzen des Geschäftsführers werden i. d. R. über den Gesellschaftervertrag festgelegt.
   Gesellschafterversammlung – ist beschließendes Organ; der Gesellschafterversammlung obliegt die Kontrolle der GmbH und der Geschäftsführung.
   Aufsichtsrat – ist überwachendes Organ; der Aufsichtsrat ist vom Gesetz nicht zwingend vorgeschrieben, er kann auf freiwilliger Basis eingeführt werden. Ausnahme: hat die GmbH mehr als 500 Mitarbeiter, unterliegt sie den Bestimmungen der gesetzlichen Arbeitnehmer-Mitbestimmung und ist verpflichtet, einen Aufsichtsrat einzuführen.

12 GmbH-Gründung der drei Freundinnen:
   a) Die Liquidität ist ausreichend.
   b) Firmierungsbeispiel: „Die freundliche Urlaubsinsel GmbH"
   c) Alina kann den Kauf eines Firmenfahrzeugs nicht ohne Verena als Geschäftsführerin durchsetzen.
   d) Monique kann sich nicht gegen den Willen der anderen beiden von ihren Geschäftsanteilen trennen.
   e) Schülerspezifische Antwort. Die Gründe für Alina mehr Anteile zu erwerben könnten sein: weitere Stimmen auf der Gesellschafterversammlung, positiver Geschäftsgang und damit entsprechende Gewinnerwartung usw.

13 Jahresüberschussverteilung entsprechend dem Verhältnis der Geschäftsanteile (Verena 8.000,00 €, Monique 3.000,00 € und Alina 1.800,00 €):
Verhältnis 40 : 15 : 9 = 64 Teile
Gewinn (Jahresüberschuss) 36.000,00 €, ein Teil = 562,00 €
40 Teile = 22.500,00 € (Verena), 15 Teile = 8.437,50 € (Monique), 9 Teile = 5.062,50 € (Alina)
Könnte im Rahmen einer **Nachschusspflicht** bedeuten:
Nachschuss (Verlust) gesamt 6.000,00 €, ein Teil = 93,75 €, d. h. 3.750,00 € (Verena), 1.406,25 € (Monique), 843,75 € (Alina).

14 Vergleich GmbH und Einzelunternehmen in Bezug auf:
Kreditwürdigkeit – es kommt auf die entsprechenden Sicherheiten an, eine generelle Aussage ist nicht möglich;
Haftung – bei Einzelunternehmen mit Geschäfts- und Privatvermögen, bei GmbH nur mit Geschäftsvermögen.

15 Vorteile der AG im Vergleich zur GmbH sind i. d. R. eine breitere Eigenkapitalbasis und der Zugang zum Börsenhandel.

Lernfeld 2

S. 97 (Aufgabe zu Kapitel 1)

1 Die optimale Bestellmenge liegt bei 200 Kartons.

Bestell-menge	Bestel-lungen	Bestell-wert	durchschnittl. Bestandswert	Bezugs-kosten	Lager-kosten	Gesamt-kosten
100	20	2 500	1 250	600	125	725
200	10	5 000	2 500	300	250	550
400	5	10 000	5 000	150	500	650
500	4	12 500	6 250	120	625	745
1 000	2	25 000	12 500	60	1 250	1 310

S. 118 (Aufgaben zu Kapitel 2)

1 Schülerspezifische Antworten.
Ja, wegen arglistiger Täuschung kann es angefochten werden, sobald der Mangel bekannt wird.

2 In allen Fällen kommt kein **Vertrag** zustande:
a) Nein, da an die Allgemeinheit gerichtet
b) Nein, da Herr Schulz nach 7 Monaten nicht mehr an seinen Antrag (Bestellung) gebunden ist
c) Nein, da neuer Antrag

3 **Versandkosten und Lieferbedingungen** bei Verkäufer mit Geschäftssitz in Nürnberg und Käufer (Privatmann) in Würzburg:
– unfrei: Käufer trägt die Kosten ab der Versandstation bis Würzburg,
– ab hier: unfrei,
– ab Lager: Käufer trägt alle Kosten bis Würzburg,
– frei Lager: entfällt (Privatmann hat kein Lager),
– frei Werk: entfällt (s. o., Privatmann hat kein Lager),
– ab Bahnhof hier: Käufer trägt Kosten ab Versandstation bis Würzburg,
– ab Werk: Käufer trägt alle Kosten bis Würzburg.

4 Bei **Lieferungsverzug (Nicht-rechtzeitig-Leistung)** treffen die im Lehrbuch auf S. 104 gemachten Aussagen folgendermaßen zu:
a) ja   c) ja   e) ja   g) nein   i)   nein
b) ja   d) nein   f) nein   h) nein

5 **Zahlungsverzug (Tatbestand der Nicht-rechtzeitig-Zahlung)** tritt ein:
a) am 29. Juni 20.., 00:00 Uhr,
b) am 15. Tag nach Erhalt der Lieferung,
c) die Rechtsprechung sieht hier ein Zahlungsziel bis 10. Oktober, also ab 11. Oktober als gegeben,
d) am 22. Tag nach Rechnungserhalt,
e) sobald die Zahlungsaufforderung (Rechnung) dem Käufer vorliegt.

S. 136 (Aufgaben zu Kapitel 3)

1 Für den Gläubiger bietet die **selbstschuldnerische Bürgschaft** die größte Sicherheit.
Für den Bürgen hat die **Nachbürgschaft** das geringste Risiko.

2 Aufgabe zu Einrichtung eines Reisebüros mit neuen Möbeln:
a) **Überweisungsbetrag** nach Skontoabzug 18.915,00 € (errechnet sich aus 19.500,00 € – 585,00 €),
b) **Zinsen für Kontokorrentkredit** 138,71 € (entsprechen Zinsbetrag für 22 Tage),

c) **Finanzierungsgewinn** 446,29 € (errechnet sich aus 585,00 € (Skonto) – 138,71 € (Zinsen für 22 Tage)),

d) **Effektivzinssatz Skonto** errechnet sich aus 22 Tage = 3 %, entsprechen einem Jahreszinssatz von 49,09 %.

3 Schülerspezifische Antwort.
Lösungsbeispiele:
Ein **Abzahlungsdarlehen** ist ein Darlehen mit festen gleichbleibenden Tilgungsraten. Am Anfang sind die Rückzahlungsbeiträge höher, da hier auch noch die Einrechnung der fälligen Zinsen am höchsten ist. Im Laufe der Zeit werden dann aus dem selbigen Grund die Rückzahlungsbeiträge des Abzahlungsdarlehens geringer, da durch die Tilgung weniger Zinsen entstehen welche zu den festen Tilgungsraten angerechnet werden.

Annuitätendarlehen: Ihr Kunde bezahlt monatlich oder vierteljährlich eine gleichbleibende Rate (die sogenannte Annuität), die sich aus dem Zinssatz und einem Tilgungsanteil zusammensetzt. Die Höhe des anfänglichen Tilgungssatzes ist frei wählbar, sie muss jedoch mindestens 1 % betragen. Damit wird das Darlehen Monat für Monat und Stück für Stück zurückbezahlt. Während der Laufzeit verringert sich der Zinsanteil der Rate, während der Tilgungsanteil durch den ersparten Zinsanteil steigt.

Das **Fälligkeitsdarlehen** wird zum Ende der Laufzeit in einer Summe zurückgezahlt, wobei während der Laufzeit nur die Zinsen zu entrichten sind. Die Darlehensform ist vor allem dann sehr günstig, wenn zum Ende der Darlehenslaufzeit eine Lebensversicherung in mindestens gleicher Höhe fällig wird.

Zusatzaufgaben DVD (Aufgaben zu Kapitel 3)

4 Es handelt sich um die folgenden **Leasingarten**:
- Mobilien-Leasing
- Operate-Leasing
- Finanzierungs-Leasing
- *Full-Pay-Out*-Vertrag
- *Non-Full-Pay-Out*-Vertrag

5 Die degressive AfA ist steuerrechtlich seit 2008 nicht mehr erlaubt; für den erfragten Ratenkredit über 200.000,00 € galt seinerzeit:

Jahr	Kreditsumme in €	Zinsen in €	Tilgung in €	Leasingrate in € (12 · 3 = 36 %)
1	200.000,00	14.000,00	40.000,00	7.2000,00
2	160.000,00	11.200,00	40.000,00	7.2000,00
3	120.000,00	8.400,00	40.000,00	7.2000,00
4	80.000,00	5.600,00	40.000,00	7.2000,00
5	40.000,00	2.800,00	40.000,00	7.2000,00

Die Vergleichsrechnung für die ersten fünf Jahre des Beispiels zeigt bereits, dass die Aufnahme eines Darlehens günstiger ist.
Anmerkung:
Im Rahmen des Konjunkturprogramm 2009 wird die degressive AfA für bewegliche Wirtschaftsgüter des Anlagevermögen gem. § 7 Absatz 2 EStG befristet auf 2 Jahre wieder eingeführt.
Die Möglichkeit zur degressiven Abschreibung beweglicher Wirtschaftsgüter gilt für die Anschaffung bzw. Herstellung, die nach dem 31.12.2008 und vor dem 01.01.2011 durchgeführt wird.
Die degressive Abschreibung darf höchstens das 2 1/2-fache der linearen Abschreibung betragen und 25 % nicht übersteigen. Seit dem 01.01.2011 gilt wieder die Rechtslage von 2008. Demnach ist die degressive Abschreibung für alle neuen Güter abgeschafft und läuft seitdem aus.

6 Die **Reihenfolge** von Kreditantrag bis zu Kreditauszahlung muss richtig lauten:
Kreditantrag des Kunden (V)
Prüfung der Kreditfähigkeit (VIII)
Prüfung der Kreditwürdigkeit (II)
Stellung der Kreditsicherheiten (IV)
Prüfung und Bewertung der angebotenen Kreditsicherheiten (III)
Kreditzusage (VI)
Abschluss des Kreditvertrages (I)
Bereitstellung des Kredits ... (VII)

S. 158 (Aufgaben zu Kapitel 4)

1 Schülerspezifische Antwort.
Lösungsbeispiel: Funktionen von Geld in einer modernen Volkswirtschaft sind z. B. dass es als Tausch- und Zahlungsmittel dient, Wertaufbewahrungsmittel ist und als Recheneinheit Verwendung findet. Geld stellt einen Vermögenswert dar, den man zu beliebiger Zeit in Waren oder Dienstleistungen umwandeln kann. So kann man sich mit 50,00 € entweder Bücher kaufen oder vom Friseur einen neuen Haarschnitt erhalten.

2 Schülerspezifische Antworten.
Beispiele für Lösungsmöglichkeiten:
a) Mit einer **Überweisung** beauftragt der Kunde sein Kreditinstitut, für ihn eine Zahlung durchzuführen. Das Institut bucht hierbei den zu zahlenden Betrag vom Konto des Auftraggebers ab und überweist ihn auf das angegebene Konto des Empfängers. Neben der Verwendung eines vorgedruckten Überweisungsformulares setzt sich immer mehr die *Onlineüberweisung* im Rahmen des *Onlinebanking* durch. Beim **Lastschriftverfahren** kann der Kontoinhaber den Zahlungsempfänger ermächtigen, einen fälligen Betrag von seinem Konto abzurufen. Dies geschieht ausschließlich über den Verrechnungsweg.
b) **Vorteile und Nachteile des Lastschriftverfahrens** für Zahlungsempfänger und Zahlungspflichtigen können der Tabelle im Lehrbuch S. 145 entnommen werden. Bei regelmäßig wiederkehrenden, jedoch unterschiedlich hohen Zahlungen können Zahlungsempfänger (da vom Kontoinhaber ermächtigt) den jeweils fälligen Betrag abrufen. Nutzungsbeispiele hierfür sind die Begleichung von Strom- und Telefonrechnungen. Ebenso werden Verpflichtungen in fester Höhe, wie Versicherungs- und Krankenkassenbeiträge, in dieses Verfahren einbezogen. Da der Schuldner als Beleg entweder die Lastschrift erhält oder zumindest eine Information auf seinem Kontoauszug findet, weiß er, für welche Leistung er wann von wem belastet wurde. Der Bankkunde ist vor nicht berechtigter oder missbräuchlicher Abbuchung durch gesetzliche Vorschriften geschützt: sollte er mit der Belastung seines Kontos nicht einverstanden sein, kann er innerhalb von sechs Wochen Einspruch einlegen und den Betrag zurückfordern. Eine Einzugsermächtigung kann außerdem jederzeit widerrufen werden.

3 Die Aussichten sind schlecht. Ein **Rückruf** ist nur möglich, solange der Überweisungsbetrag nicht auf dem Empfängerkonto gutgeschrieben wurde.

4 Schülerspezifische Antwort.
Beispiele für den sinnvollen Einsatz eines **Dauerauftrages**: Zeitungsabonnement, Kfz-Steuer, Miete.

5 Schülerspezifische Antworten.
Lösungsbeispiele:
Unter **e-Payment** wird elektronische/r Zahlungsverkehr/Zahlungsabwicklung im Internet verstanden. E-Payment-Anbieter bieten verschiedene Zahlungsmethoden quasi als Inkasso an. Für Shopbetreiber vereinfachen sie damit z. B. die Zahlungsabwicklung und minimieren das Risiko. Dafür sind sie am Umsatz beteiligt.
Unter **m-Payment** werden Zahlungsverfahren verstanden, die auf das Mobiltelefon zurückgreifen. Zentrales Element ist, dass der Kunde den Zahlungsvorgang per Handy autorisiert.
Mit dem **Online-Payment** System (OPS) erhalten Händler und deren Kunden die Möglichkeit, direkt und bequem Transaktionen über das Internet abzuwickeln. Dabei können Zahlungen von Kunden über die Internetseite per Kreditkarte oder dem elektronischen Lastschriftverfahren (Bankeinzug) angenommen werden.

6 Schülerspezifische Antworten.
a) Beispiele für **Vorteile einer Kreditkarte(-nzahlung)** für den Karteninhaber: Zahlungen sind über Ländergrenzen hinaus problemlos möglich, Unabhängigkeit von Bargeld und Schecks, zu jeder Zeit Zahlungsbereitschaft für spontane Kaufentscheidungen (auch in größerem Rahmen), es muss nichts ausgefüllt werden oder nach passenden Scheinen und Münzen gesucht werden, der Bezahlvorgang ist schnell, die Risiken durch Diebstahl oder Verlust (von Bargeld) und Missbrauch sind kalkulierbar (schnelle Sperrung weltweit möglich), Zahlungen werden nur einmal pro Monat abgebucht (wie „kleiner Kredit") ...
b) Beispiele für die **Nachteile einer Kreditkarte(-nzahlung)** für den Karteninhaber: leichtfertigeres Zahlen, aktueller Überblick der Ausgaben geht verloren, die Kreditkarte kostet Geld ...

c) Beispiele der **Vorteile für den Zahlungsempfänger**: mehr Umsatz durch erhöhte Spontankaufbereitschaft (Angebote werden leichter angenommen, hohes Verfügungslimit), Händler gilt als fortschrittlich und kundenfreundlich (positives Image), vereinfachte Neukundengewinnung und Kundenbindung, Zahlungsgarantie, keine Falschgeld-, Betrugs- oder Missbrauchsrisiken, schnelles und rationelles kassieren, weniger Zeit für Kassenabschluss nötig, leichte Bedienung, weniger Bargeld in der Kasse und damit weniger Risiken durch Falschgeld, Verzählen, Brand, Diebstahl und Raub, ...

d) Beispiel der **Nachteile für den Zahlungsempfänger**: Provisionszahlungen (i. d. R. 3–5 % des Kaufpreises) und Transaktionsgebühren sind an das Kreditkartenunternehmen zu zahlen, monatliche Fixkosten für Systembereitstellung ...

e) Beispiele der **Vorteile für ein Hotel als Partner eines Kreditkartenunternehmens**: leichte Akquisition von Kunden, bessere Auslastung des Hotels, erhöhter Bekanntheitsgrad ...

f) Beispiele der **Nachteile für ein Hotel als Partner eines Kreditkartenunternehmens**: Provisionszahlungen sind fällig (umsatzgebunden), Bereitstellung von Zimmerkontingenten ...

Lernfeld 3

S. 176 (Aufgaben zu Kapitel 1)

1 Schülerspezifische Antwort.
Umfrage in der Klasse, z. B. in arbeitsteiliger Gruppenarbeit mithilfe eines Fragebogens.

Fragebogen Reiseverhalten

1. a) Haben Sie im Jahr _____ eine Reise unternommen?
(Def. Reise: Aufenthalt außerhalb der gewohnten Umgebung, mehr als 3 Übernachtungen bzw. ab 5 Tagen Dauer)

_____

b) Wenn ja, wie viele Reisen haben Sie unternommen?

_____

2. Mit welchem Verkehrsmittel sind Sie gereist?

1. Reise: _____

2. Reise: _____

3. Reise: _____

3. In welchem Land haben Sie Ihre Reise(n) verbracht?

1. Reise: _____

2. Reise: _____

3. Reise: _____

4. Welchen Geldbetrag (in €) haben Sie (ungefähr) für Ihre Reise(n) ausgegeben?

1. Reise: _____

2. Reise: _____

3. Reise: _____

Auswertung und grafische Darstellung, z. B. Reiseintensität: Kennzahl angeben; Reisehäufigkeit: Kreis- oder Balkendiagramm; Reiseziele: Kreis- oder Balkendiagramm, Reiseausgaben: Kreis-, Balken- oder Kurvendiagramm.

2 Schülerspezifische Antwort
Guten Diskussionsstoff bieten z. B. die Entwicklung der Reisevermittlung (Reisebüro vs. Internet), die Entwicklung der genutzten Verkehrsmittel (Stagnierung von Bus und Bahn seit Jahren), Ab- oder Zunahmen bei bestimmten Zielgebieten (Suche nach Ursachen, z. B. Währungsschwankungen, politische Unruhen, Naturkatastrophen, Werbung, Trends etc.).

3 a) Europa 2010: Deutschland, Spanien, Italien, Österreich, Türkei
b) weltweit 2010: Nordafrika (bes. Ägypten), Nordamerika (USA/Kanada), Mittelamerika (Karibik), Asien (Thailand, China)

4 Schülerspezifische Antwort
Meist sind Auszubildende bei Reisevermittlungsstellen, Reiseveranstaltern oder Leistungsträgern beschäftigt.

5 Schülerspezifische Antwort
Bearbeitung kann unterschiedlich intensiv ausfallen, je nach Leistungsstärke der Schüler/innen und zeitlichen Ressourcen.
Beispiele für Arbeitsformen:
Podiumsdiskussion - zunächst Gruppenarbeit mit verschiedenen Rollenvorgaben, anschließend Diskussion von ca. 4-5 Vertretern der Gruppen mit Beteiligung des „Publikums".
Szenario-Methode - arbeitsteilige Bearbeitung verschiedener Einflussfaktoren (vgl. Kap. 1.4) und deren zukünftiger Entwicklungen, Erarbeitung der Konsequenzen auf die touristischen Leistungsanbieter, Zusammenfügen zu jeweils einem positiven sowie einem negativen Extremszenario; ein realistisches Zukunftsbild, das sog. Trend-Szenario, ergibt sich aus der „Mitte".

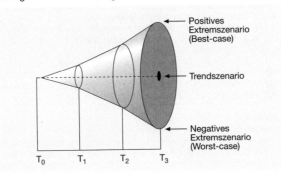

6 Stand Juni 2011:
- Belgien – Hauptstadt Brüssel
- Dänemark – Hauptstadt Kopenhagen
- Deutschland – Hauptstadt Berlin
- Estland – Hauptstadt Tallinn
- Finnland – Hauptstadt Helsinki
- Frankreich – Hauptstadt Paris
- Griechenland – Hauptstadt Athen
- Island – Hauptstadt Reykjavik
- Italien – Hauptstadt Rom
- Lettland – Hauptstadt Riga
- Litauen – Hauptstadt Vilnius
- Luxemburg – Hauptstadt Luxemburg
- Malta – Hauptstadt Valletta
- Niederlande – Hauptstadt Amsterdam
- Norwegen – Hauptstadt Oslo
- Österreich – Hauptstadt Wien

- Polen – Hauptstadt Warschau
- Portugal – Hauptstadt Lissabon
- Schweden – Hauptstadt Stockholm
- Schweiz – Hauptstadt Bern
- Slowakei – Hauptstadt Bratislava
- Slowenien – Hauptstadt Ljubljana
- Spanien – Hauptstadt Madrid
- Tschechien – Hauptstadt Prag
- Ungarn – Hauptstadt Budapest

Kooperierend:
- Großbritannien – Hauptstadt London
- Irland – Hauptstadt Dublin

Zukünftige Mitglieder:
- Rumänien – Hauptstadt Bukarest
- Bulgarien – Hauptstadt Sofia

7 Schülerspezifische Antwort.
Kann im Anschluss an Aufgabe 5 bearbeitet werden, insbesondere als Ergebnis der Szenario-Methode oder als Maßnahme, um Gruppenarbeitstechniken einzuüben bzw. an der Klassengemeinschaft zu arbeiten (gegenseitiges Kennenlernen durch „Durchmischung").

8 Schülerspezifische Antwort.
Arbeitstechnik könnte Internetrecherche sein (z. B. über Integration des Flugverkehrs in das europäische Emissionshandelssystem oder den sog. Radiative Forcing Index (RFI)). Individuelle Antworten.
Mögliche Antworten: Emissionshandel, gesetzliche Vorgaben zu Höchstgrenzen, maximales Luftverkehrsaufkommen, etc; Einsatz modernster Flugzeuge, Busse und sonstiger Verkehrsmittel im Tourismus; Entwicklung nachhaltiger touristischer Produkte (z. B. mit Bahnanreise); Vergabe von Zertifikaten/ Labeln, die geringe Emissionswerte bezeugen; hohe Besteuerung von Kurzreisen, Vergünstigung von langen Aufenthalten; Einsatz erneuerbarer Energien in der Hotellerie.

9 Schülerspezifische Antwort.
Recherche über z. B. Atmosfair, greenmiles, myclimate oder die Angebote zu dieser Thematik bei den Großen Veranstaltern und Umweltorganisationen (WWF, Greenpeace).

10 Schülerspezifische Antwort und Aspekte/Beispiele.
Die Schüler sollten in ihnen zugänglichen Medien den „Zustand" von westlichen und östlichen Mittelmeerregionen recherchieren. Hierbei können die Ergebnisse zeigen, dass
– der Anzahl der Touristen pro Jahr (zurzeit durchschnittlich 100 Millionen) noch eine enorme Zuwachsrate prognostiziert wird,
– es viele ungenehmigte Bauten und insgesamt zuviel Küstenbebauungen gibt,
– die Ausmaße des touristischen Flächenverbrauchs (von zurzeit ca. 4 400 km²) erschreckende Prognosen für nötige Urbanisierungen der nächsten Jahre zulassen,
– die Ausmaße des Ressourcenverbrauchs (z. B. Wasser) für die Landesbevölkerung unakzeptable Höhen annehmen,
– mindestens 174 Millionen Menschen (vgl. „Blauer Plan") werden im Jahr 2025 an den Küsten des Mittelmeeres leben (2005 waren es etwa 150 Millionen),
– die Biodiversität von Meeresvögeln, Küsten- und Unterwasserfauna weiter extrem leiden wird (Meeresschildkröten und Mönchsrobben verlieren ihren Lebensraum, der Verlust von Stränden bedeutet für neun von 33 Meeresvogelarten eine Bedrohung),
– die Biodiversität von Küsten- und Unterwasserflora weiter extrem leiden wird (500 mediterrane Pflanzenarten sind durch den Tourismus vom Aussterben bedroht),
– nach Ansicht des WWF die Balearen (Spanien), das Ligurische Meer (Frankreich, Italien) und die südliche Tyrrhenische Küste (Italien) zu den zehn gefährdendsten Meeresgebieten der Welt zählen.

11 Schülerspezifische Antwort.
Beispiele für Planungsmängel:
Fehlendes touristisches Konzept (ursprüngliches Naherholungszentrum amerikanischer GIs in den 1960er Jahren, vermehrt Einzug von Prostitution, Ziel Nummer Eins des Sextourismus in den 1970er Jahren), nicht genug Angebote für „normale" Urlauber (Asiaten, Familien mit Kindern), zu schnelles touristisches Wachstum, Bausünden (*Jomtien-Complex*-Türme und andere 30-stöckige Bauten) usw.

12 Schülerspezifische Antwort.
Anmerkungen und Zusatzinformation: Das Ausmaß der globalen Erwärmung mit dem bis zum Jahr 2100 zu rechnen ist, variiert je nach Szenario zwischen einem mittleren Wert von 1,8 bis 4,0 Grad Celsius.
Beispiele für durch Erderwärmung **gefährdete Destinationen**:
In mediterranen Gebieten führt dies vor allem zu weniger Wasser sowie mehr Dürren und Waldbrände, aber auch gravierende Verluste bei der Artenvielfalt, weniger landwirtschaftlich genutzte Flächen und zunehmende Schäden in den Ökosystemen an der Küste.
In Europas Berggebieten vom Apennin über die Alpen bis zu den Gebirgen Norwegens, dem Ural und dem Kaukasus im Osten werden in erster Linie Gletscher verschwinden, eine weniger lang anhaltende Schneedecke und eine kürzere Skisaison die Folge sein.
An den atlantischen Küsten Portugals, Spaniens und Frankreichs bis nach Dänemark und in Großbritannien und Irland wird die Gefahr in einer erhöhten Erosion durch Winterstürme bestehen.
Für weite Gebiete Schwedens, Finnlands, der baltischen Länder und Russlands wird befürchtet, dass es zu mehr Überschwemmungen und einer verstärkten Erosion an den Küsten kommen wird.

Zusatzaufgaben DVD (Aufgaben zu Kapitel 1)

13 Schülerspezifische Lösung.
Als **Ist-Zustand** kann gelten, dass der „Verkehrsträger Flugzeug" direkten Einfluss auf das Klima hat. Flugzeuge emittieren Gase und Partikel direkt in die obere Troposphäre und untere Stratosphäre. Sie verändern die Konzentration der atmosphärischen Treibhausgase Kohlendioxid (CO_2), Ozon (O_3) und Methan (CH_4). Sie bestimmen auch die Bildung von Kondensstreifen und vermögen die Bildung von Cirruswolken zu erhöhen. All diese Faktoren tragen zum Klimawandel bei. Eine Expertenkommission zum Schutz der Erdatmosphäre hat berechnet, dass die großen Industrienationen ihren CO_2-Ausstoß bis zum Jahre 2050 pro Kopf und Jahr von 12 t auf 2,3 t verringern müssen, um eine erste Klimastabilisierung zu erreichen. Zurzeit kalkulieren mehrere Reiseanbieter (Beispiele: Demeter-Reisen, Frosch Sportreisen, Lufthansa mit ihrem „Klimaticket") einen Beitrag, mit welchem Klimaschutzprojekte finanziert werden, in den Reise-/Flugpreis mit ein.

Als **Soll-Zustand** kann gelten, dass in den Bereichen Wirtschaft, Soziales und Umwelt ein ökologischer Stand erreicht wird, der keine erheblichen negativen Auswirkungen auf die menschliche Gesundheit und die Umwelt hat.

Zusatzinformation:
Die Enquete-Kommission zum Schutz der Erdatmosphäre hat berechnet, dass die großen Industrienationen ihren CO_2-Ausstoß bis zum Jahre 2050 pro Kopf und Jahr von 12 t auf 2,3 t verringern müssen, um eine erste Klimastabilisierung zu erreichen.

Maßnahmen:
– Einbeziehung des Flugverkehrs in den Emissionshandel (die Emissionslizenzen sollten von Beginn an versteigert und nicht verschenkt werden),
– Einführung einer Kerosinsteuer,
– Einführung einer Ticketabgabe,
– Abbau von Subventionen für den Flugverkehr, z. B. Steuerbefreiung für Flugkerosin von der Mineralölsteuer, Befreiung der internationalen Flugtickets von der Umsatzsteuer, Befreiung der Flughäfen von der Grundsteuer, an Regionalflughäfen und Verkehrslandeplätzen werden keine kostendeckenden Landegebühren verlangt. Verluste aus dem Flughafenbetrieb werden meist von den Kommunen mit Steuergeldern abgedeckt, Fluglotsen werden aus dem Landeshaushalt bezahlt. Wegen der Totalsubventionierung kann der Flugverkehr die Bahn nieder konkurrieren (neben allen Steuern zahlt die Bahn Trassenpreise für jeden Zugkilometer, den sie fährt) ...

Beispiel positives Extremszenario: das Verständnis für die Umwelt fördern, den Transfer umweltbezogenen Wissens weitergeben mit dem Ziel, menschlich bedingte Beeinträchtigungen der Klimasysteme zu verhindern und somit eine lebenswerte Umwelt zu erhalten und die nachhaltige Entwicklung zu fördern.
Beispiel Trendszenario: intensives Bemühen um die Stabilisierung der Treibhausgas-Konzentration.
Beispiel negatives Extremszenario: Wirtschaftswachstum hat „Vorfahrt", die Umweltproblematik spielt eine untergeordnete oder gar keine Rolle.

14 Schülerspezifische Antworten.
Lösungsbeispiele **Senkung dominanter Quellen der Emissionen für Inlandsreisen:** stärkere Nutzung von Bus und Bahn (Reduzierung der Kurzstreckenflüge und Verlagerung auf andere Verkehrsträger), stärkere Nutzung heimischer Destinationen.
Lösungsbeispiele **Senkung dominanter Quellen der Emissionen für Auslandsreisen:** stärkere Besteuerung und Abgabenbelastungen für Flugzeuge, Flugzeugtickets und Kerosin, Verbesserung der Aerodynamik, Antriebstechnik und Betrieb und Einsatz von Flugzeugen, streng nach Umweltverträglichkeit zugelassenen Tourismusdienstleister vor Ort.

15 Schülerspezifische Antwort.
Beispiele **Küstenschutzmaßnahmen:**
Baumaßnahmen limitieren, Strandaufspülungen (Vermeidung fortschreitender Abtragung) verhindern, Verhaltensmaßregeln für Touristen usw.
Beispiele **Maßnahmen zum Schutz der Berge:**
Verhaltensmaßregeln für Sportler, Regelungen zur Vermeidung negativer ökologischer, sozialer und ökonomischer Folgen eines verschärften inneralpinen Wettbewerbs von touristischen Destinationen, Stärkung der Wettbewerbsfähigkeit des naturnahen Tourismus, usw.
Mit den 1991 unterzeichneten und 1995 in Kraft getretenen internationalen „Übereinkommen zum Schutz der Alpen", kurz Alpenkonvention, versuchen die Alpenstaaten (Deutschland, Frankreich, Italien, Liechtenstein, Monaco, Österreich, Schweiz, Slowenien) und die EU in grenzüberschreitender Zusammenarbeit die bedeutendste Bergregion Europas zu schützen und nachhaltig zu entwickeln.

16 a) Schülerspezifische Ausführung.
Als Grundlagen für die Karten können Atlanten, Klimadiagramme, Karten von Veranstaltern bzw. Destinationen über spezifische Wintersportgebiete dienen.
b) Arbeitsgrundlage sollte eine Blindkarte sein, aus der nach Bearbeitung in einer Farbe der Ist-Zustand und in einer anderen Farbe mögliche Veränderungen ersichtlich sind.
Zusatzinformation: Derzeit gelten der OECD zufolge 609 der 666 mittelgroßen und großen Skiregionen in den Alpen als schneesicher (mindestens 100 Tage im Jahr mindestens 30 cm Schnee). Eine durchschnittliche regionale Jahrestemperatur um ein Grad Celsius reduzierte die Gebiete auf 500, zwei Grad auf 400 und vier Grad auf 200 Skiregionen. Nachzulesen unter www.innovations-report.de/html/berichte/studien/bericht-23885.html bzw. www.oecd.com, Stichwort Schneesicherheit.

Deutschlands Wintersportgebiete	Österreichs Wintersportgebiete	Schweizer Wintersportgebiete
In Deutschland würde sich die Zahl der schneesicheren Gebiete drastisch verringern; in Oberbayern um 90 %, in Schwaben/ Allgäu um rund 50 %. Wintersport wird sich praktisch auf zwei hoch gelegene Skigebiete konzentrieren (Garmisch-Partenkirchen und Oberstdorf).	Die Skiindustrie wird sich eher in den westlichen Teil von Österreich verlagern, insbesondere auf Tirol und Kärnten.	Bei einer Schneesicherheit in einer Höhe ab 1800 m ü. M. wären lediglich 44 % der Skigebiete in der Schweiz befahrbar. Das Jura, die Ost- und Zentralschweiz und die Kantone Tessin, Waadt und Fribourg wären besonders gefährdet. Schneesicher wären weiter hin Wallis, Berner Oberland und Graubünden.

b) Mögliche Anpassungsstrategien: Einsatz von Schneekanonen (mit steigenden Temperaturen zunehmend unrentabel und umweltschädlich, weil viel Wasser und Energie eingesetzt werden müssen), Kunststoffdecken als Sonnenschutz (können den Verlust der Gletscher nicht lange aufhalten), zunehmende Verlagerung des Skisports in *Outdoor*-Angebote (Klettern, Wandern, *Rafting*).

c) Österreich wird flächenmäßig mehr Skigebiete verlieren als die Schweiz.

d) Mögliche Lösungstabelle:

Bereich	Gefahren für/im Hinblick auf
Bodenstruktur	vermehrte Bodenerosion, schmelzender Permafrostboden
Muren	Destabilisierung des Hangschuttes
Lawinenabgänge	Zunahme
Skilift-Anlagen	Stilllegung, Höherverlegung
Seilbahnmasten	Stabilitätsprobleme (Statik)
hochgelegene Bauten	Statikprobleme
Lawinenverbauungen	Stützwerke aus Metall und Beton und Schneenetze werden vermehrt notwendig sein.

e) Mögliche zusätzliche Gefahren bei Übererschließung der Alpen sind in den zugänglichen Medien zu recherchieren.

17 Schülerspezifische Antwort/Beispiele:
Nach Recherche der auf der DVD gelisteten Internetadressen können die folgenden Lösungen erarbeitet werden:

a) Das **Management auf einem umweltorientierten Campingplatz** kann vorsehen, dass
– Gäste, Mitarbeiter, Pächter und die Öffentlichkeit über die Umweltaktivitäten informiert werden und, so möglich, auch daran beteiligt werden,
– Abfälle vermieden werden und, wo nicht vermeidbar, einer umweltverträglichen Verwertung zugehen,
– Energie und Wasser effizient genutzt werden,
– Belastungen von Boden und Gewässern vermieden werden,
– der Platz naturverträglich gestaltet und gepflegt wird,
– Verkehrsbelastungen verringert werden,
– umweltschonend gereinigt wird,
– der Einsatz umweltbelastender und gefährlicher Stoffe vermieden wird,
– Natur und Umwelt bei Freizeitangeboten berücksichtigt werden.
Mehr Informationen zum Thema gibt es unter: www.ecocamping.net.

b) Das Management eines **umweltorientierten Hotels** kann vorsehen, dass die folgenden Maßnahmen ergriffen werden (Auszüge aus der TUI-Hotel-Umwelt-Checkliste, mehr Information unter www.tui-group.com/de/nachhaltigkeit/):
geregelte Abwasserbehandlung, Wassersparmaßnahmen einsetzen, Wasserversorgung regulieren, geregeltes Abfallmanagement, Energiesparmaßnahmen einsetzen, regelmäßige Verbrauchsmessungen durchführen, umweltorientierte Einkaufspolitik betreiben, biologisch abbaubare Reinigungsmittel einsetzen, Lärmschutzmaßnahmen installieren, keinen Einsatz von Pflanzenschutzmitteln und Pestiziden zulassen, Überprüfung von Strand- und Meerwasserqualität, Tierschutz und Schutz bedrohter Tierarten betreiben, Umweltzertifikate/Umweltauszeichnungen/Ökolabel/Umweltaudits zulassen usw.

18 a) Als „**Sextourismus**" werden Reisen bezeichnet, die primär dazu unternommen werden, sexuelle Kontakte zu den Einheimischen der besuchten Länder aufzunehmen.

b) Schülerspezifische Antwort.
Lösungshilfe: Zeitungen und andere Medien sind voll von Artikeln, wie „400 000 deutsche Männer fliegen Jahr für Jahr in die große weite Welt und wollen nur das eine"... Organisationen, wie z. B. die **Aktion Schutzengel gegen Sextourismus und Kinderprostitution** (www.missio.de/, Stichwort: Sextourismus) kämpfen seit vielen Jahren gegen Kinderprostitution und Sextourismus.
Das aus dem 17. Jahrhundert stammende **Sprichwort von Voltaire** weist auf die Notwendigkeit von Aktionen und Taten hin, um Missständen entgegenzuwirken und an ihnen nicht mitverantwortlich zu sein.

19 Schülerspezifische Antwort.

20 Schülerspezifische Antwort.
Lösungshilfen: Hier ist der Begriff der „Entfremdung" genauer zu betrachten und beispielhaft als zuerst positive – aber als darauffolgend negative Entwicklung zu sehen und auf den Tourismus zu übertragen.

Positive Beiträge sind u. a.:
– Tourismus bringt dringend benötigte Devisen ins Land,
– er schafft und sichert Arbeitsplätze und Einkommen in Hotels, bei Handwerkern und Kunstgewerbetreibenden,
– er fördert den Binnenkonsum und die heimische Wirtschaft,
– er stärkt über die Steuereinnahmen den Staat,
– er motiviert den Ausbau der wirtschaftlichen Infrastruktur,
– er trägt dazu bei, dass wegen seines Wirtschaftspotenzials dem Arten- und Naturschutz eine größere Bedeutung zugemessen wird,
– er fördert Völkerverständigung und Friedenssicherung.

Problemfelder der Destinationen werden dann u. a.:
– die Erhaltung der Natur,
– die Bewahrung der kulturellen Identität der Menschen in den bereisten Regionen,
– die kontrollierte wirtschaftliche Entwicklung und
– die Erreichung sozialer Gerechtigkeit.

21 Schülerspezifische Antwort.
Lösungshinweis: Die Schüler sollen in den ihnen zugänglichen Medien vier Veranstalter auf ihren „**Nachhaltigkeitsgedanken überprüfen**". Als ein Beispiel können hier die Aktivitäten der TUI AG bez. deren Agenda 21 gelten:
Nachhaltige Entwicklung im Sinne der Agenda 21 ist für TUI die langfristige Orientierung, um Tourismus zu planen und zu gestalten und die ökonomischen Ziele des Unternehmens langfristig zu sichern. Näheres unter: www.tui-group.com/de/, Stichwort: Agenda 21

22 Schülerspezifische Erläuterungen.
Beispiel für ein **ganzheitliches Konzept** und seine Bedeutung:
1. Die Achtung der Menschenrechte, z. B. die Abschaffung von Kinderprostitution und von ausbeuterischer Kinderarbeit.
2. Die Achtung vor der fremden, der anderen Kultur und der kulturellen Identität der Menschen, z. B. rücksichtsvoll und getragen von Respekt und Toleranz die Kultur des Gastlandes sehen und erleben.
3. Die lokale Bevölkerung in den Reiseorten müssen politische Einfluss- und Kontrollmöglichkeiten erhalten, z. B. sollen die Menschen vor Ort selbst entscheiden, ob und wie viel Tourismus sie in ihren Dörfern und Häusern haben wollen (siehe entsprechende Projekte in Nepal, Mali).
4. Tourismus muss ökologisch nachhaltig sein, z. B. indem das ökologische Gleichgewicht besonders sensibler Regionen erhalten bleibt, die Bestände wild lebender Tiere und Pflanzen respektiert und nicht ausgeplündert werden und vor allem umweltverträgliche Verkehrsmittel und Verkehrskonzepte entwickelt und eingesetzt werden.

23 Nur eine Entwicklung, die nachhaltig ist, kann die **ökonomischen Ziele der Tourismusindustrie** langfristig sichern.

24 Schülerspezifische Antwort.

Beispiel:

Tourismus ist einer der bedeutendsten Wirtschaftsfaktoren überhaupt – gerade auch in vielen Entwicklungsländern. Er bietet für die Länder mit attraktiven Reisezielen ein hohes Potenzial an Beschäftigung und an Einkommen, er trägt dazu bei, die Infrastruktur zu verbessern. Der Tourismus wird mehr und mehr zu einem Hoffnungsträger für den wirtschaftlichen Aufschwung in vielen Entwicklungsländern und damit zum *„agent of change"*.

Tourismus und Naturschutz können sich gegenseitig fördern. Der Tourismus kann sogar darüber hinaus als Motor einer nachhaltigen Regionalentwicklung fungieren.

Umwelt, Natur und Qualität sind tragende Bausteine für die Entwicklung einer zukunftsfähigen Tourismusregion.

25 Schülerspezifische Antworten.

Lösungsbeispiele:

a) Die Erwartungen des Touristen werden nicht erfüllt, wenn kein **Arten- und Naturschutz** betrieben wird und Arten aussterben. Die Tourismusindustrie beraubt sich so ihrer eigenen Grundlagen.

b) Die folgenden geschützten Tiere und Pflanzen dürfen Sie grundsätzlich nicht mitbringen (es handelt sich dabei nicht um eine abschließende Aufzählung, da die Daten auf bisherigen Beschlagnahmefällen basieren):

aus Spanien nicht

Tiere: Eidechsen, Korallen, Papageien, Riesenmuscheln, Riesenschlangen, Schnecken, Singvögel

Pflanzen: Kakteen

aus Italien nicht

Tiere: Elefanten, Korallen, Papageien, Raubkatzen, Riesenschlangen, Singvögel (vgl. Bundesministerium der Finanzen, Zollinformation, im Internet unter: www.artenschutz-online.de/artenschutz im_urlaub/)

26 Die **„Konsumenten-Autorität"**, also das Nachfrageverhalten, hat entscheidenden Einfluss auf das Tourismusangebot.

27 Schülerspezifische Antwort.

Generell wird unter **nachhaltigem Konsumverhalten** verstanden, dass der Verbraucher seine Leistungen aus einem nachhaltigen touristischen Warenkorb wählt, dessen Produkte sich durch einen niedrigeren Ressourcen- oder Emissionsverbrauch und durch eine geringere Schädigung der Umwelt pro Produkt- oder Dienstleistungseinheit auszeichnen (Effizienzstrategie).

28 Dr. Iwand sieht Ökotourismus und seine Chancen unter dem Aspekt eines nachhaltigen Konsumverhaltens als möglich an.

29 Schülerspezifische Antwort.

Ausführliche Antworten auf diese Frage finden Sie unter dem Stichwort „Immer unterwegs – die Angst etwas zu verpassen", 10. Mainauer Mobilitätsgespräche vom 14. Juni 2007 (www.um.baden-wuerttemberg.de/).

Seite 184 (Aufgaben zu Kapitel 2)

1 Schülerspezifische Antwort

Als Unterrichtsgespräch/fragend-entwickelnd:

Motive und Reisearten:

- Psychische Motivation – Erholungs-, Strand-, Wellnessurlaub, Fernreisen.
- Physische Motivation – Sport- und Wellnessreisen, aber auch Erholungs- und Strandreisen.
- Interpersonelle Motivation – Gruppen-, auch Singlereisen, Busreisen, Cluburlaube, Schiffsreisen, Studienreisen.
- Kulturelle Motivation – Studien-, Sprach- und andere Bildungsreisen, Fern- und Pilgerreisen.
- Prestige-/Status-Motivation – Kreuzfahrten, Cluburlaube, Reisen in Luxuszügen, Fernreisen bzw. Reisen in bestimmte Destinationen (St. Moritz, Marbella, Dubai, etc.)

Urlaubertypologien:
- Erholungsurlauber: physische Motivation, ggf. interpersonelle Motive
- Kultururlauber: Kulturelle und psychische Motive
- Erlebnisurlauber: Kann alle Motive haben, besonders Status-Motivation
- Genussurlauber: Physische, interpersonelle und Prestige-Motive
- Junge Familie: Psychische und interpersonelle Motive

2 Nutzen:
- Zielgruppenspezifische Angebote können erarbeitet und angeboten werden.
- Bei regelmäßiger Erhebung können Trends schneller erkannt und verfolgt werden.
- Dadurch höhere Kundenzufriedenheit.

Gefahr:
- Schubladendenken, besonders bei großen Segmenten
- Um die o. a. Nutzeneffekte zu erreichen, ist eine möglichst genaue Zielgruppenbestimmung nötig. Diese ist wiederum sehr aufwändig.
- Kundentypen verändern sich schnell
- Neue „Typen", die nicht ins Raster passen, werden vernachlässigt.

3 Schülerspezifische Antwort
Arbeitsteilige Gruppenarbeit zur Förderung der Kreativität, Präsentationstechniken sowie Durchmischung der Klasse: Themenorientierte Einteilung in die Gruppen; jeder Schüler/jede Schülerin sucht sich einen Urlaubertyp aus, den er/sie charakterisieren möchte. In den Gruppen Identifikation der Merkmale, der Reisemotive sowie der passenden Reisearten. Präsentation im Plenum als Vortrag, Bild, Rollenspiel, Pantomime, Film, etc.

4 • Physiologische Grundbedürfnisse: Reisen im Altertum und Mittelalter zum Broterwerb, Reisen z. B. der Nomaden in fruchtbarere Gegenden. In unserer heutigen Gesellschaft kaum vorhanden. Ggf. kann man Fahrten zur Arbeit und Geschäftsreisen dazu zählen.
   • Soziale Sicherheit: Geschäftsreisen, Gesundheitsreisen, Kuren. Auch Erholungsreisen.
   • Soziale Bindungsbedürfnisse: Besuche von Freunden und Familie, Gruppenreisen, Hochzeitsreisen.
   • Selbstachtung: Alle Reisen mit Prestige- oder Anerkennungszweck (gesellschaftlicher Zwang der Reise, „wo fahrt ihr denn in den Ferien hin?")
   • Selbstverwirklichung: Sport-, Erlebnis-, Studien-, Vergnügungsreisen, Erholungsreisen.

5 Schülerspezifische Antwort
Es sollten Länder gewählt werden, die zu den wichtigsten Reiseländern der Deutschen gehören (vgl. LF 3, Kapitel 1), z. B. bieten sich an: Türkei, Ägypten, Mexico, USA, Thailand als Länder mit sehr unterschiedlichen Merkmalen. Schüler/innen, die in der beruflichen Praxis auf bestimmte Länder spezialisiert sind, können diese erarbeiten. Hilfsmittel: Atlas, Veranstalterkataloge, Reiseführer (auch aus dem Internet).

Eine Tabelle könnte angelegt werden, die die Merkmale verschiedener Länder vergleichbar macht:

Merkmal \ Land	Türkei	Mexico	USA	Thailand
Klima	Subtropisch, besonders an der Riviera heiße, trockene Sommer, kühle und feuchte Winter...	Subtropisch bis tropisch; am karibischen Meer heiße und feuchte Sommer (Hurricans!) und warme, trockene Winter...	Je nach Lage kühlgemäßigtes bis tropisches Klima. Zentralkalifornien z. B. mit typischem Mittelmeerklima, der Nordosten mit kontinentalem, gemäßigtem Klima mit schneereichen Wintern, ...	Tropisches Sommerregenklima, die Inseln im Golf von Thailand sind im Juli/August eher trocken, ansonsten in diesen Monaten starke Regenfälle...

Topografie	Küsten mit schönen Sandbuchten, hügeliges bis schroffes, pinienbewachsenes Hinterland mit großen fruchtbaren Ebenen...	Sierra Madre – Gebirge von Nord nach Süd, Mexico Stadt auf Hochplateau, Yucatan Halbinsel mit tropischem Regenwald und karibischen Stränden...	...	...
Infrastruktur	Gut ausgebaute touristische Infrastruktur an der Küste, im Hinterland weniger gut entwickelt, ebenso das Straßennetz...	...	...	...
Kulturkreis/Religion	Muslimisch, aber meist aufgeschlossen	...	...	...
Bevölkerung	Sehr gastfreundlich und offen	...	Höchst serviceorientiert, gastfreundlich, offen, mit großem Nationalstolz, ...	Sehr freundlich, gelassen, tolerant. ...
Sprache	...	Spanischkenntnisse sind sehr hilfreich, englisch häufig unbeliebt	...	...
Politische/gesellschaftliche Situation	...	Hohe Kriminalitätsrate in den Städten	...	...

Zusatzaufgaben DVD (Aufgaben zu Kapitel 2)

6 Andrea Meier: Ihr Pass muss noch weitere 6 Monate nach dem Einreisedatum gültig sein (für Dubai nur 3 Monate). Für Dubai braucht sie ein Visum (kann am Flughafen/vor der Einreise ausgestellt werden). Keine Impfungen nötig.
Für Thailand benötigt sie bei einem Aufenthalt bis 30 Tage kein Visum, aber ein Rückreiseticket sowie ausreichend finanzielle Mittel. Sollte sie innerhalb von 10 Tagen vor der Einreise in einem Gebiet mit Gelbfieber-Vorkommen gewesen sein, benötigt sie eine Gelbfieber-Impfung. Empfohlen wird eine Malaria-Prophylaxe, wenn sie sich nicht nur in den Touristen-Zentren aufhalten möchte. Das Malaria-Risiko ist insbesondere im Norden an den Grenzen und in waldreichen Gebieten gegeben.

Ahmed Kutlu: Sein Pass muss noch weitere 6 Monate nach dem Einreisedatum gültig sein (für Dubai 3 Monate). Für Dubai braucht er ein Visum, gültige Weiterreisedokumente und einen „Sponsor" in den Vereinigten Arabischen Emiraten. Informationen dazu können im Internet besorgt werden: Ein Hotel oder Reiseveranstalter kann eine Art „Bürgschaft" für den türkischen Staatsbürger übernehmen, damit er sein Visum bekommt. Daher ist eine individuelle Einreise für Ahmed schwierig! Keine Impfungen nötig.

Für Thailand benötigt er bei einem Aufenthalt bis 30 Tage kein Visum, aber ein Rückreiseticket sowie ausreichend finanzielle Mittel. Sollte er innerhalb von 10 Tagen vor der Einreise in einem Gebiet mit Gelbfieber-Vorkommen gewesen sein, benötigt er eine Gelbfieber-Impfung. Empfohlen wird eine Malaria-Prophylaxe, wenn er sich nicht nur in den Touristen-Zentren aufhalten möchte. Das Malaria-Risiko ist insbesondere im Norden an den Grenzen und in waldreichen Gebieten gegeben.

7 Schülerspezifische Antwort

Zweck von Mind Maps („Gehirn Karten"): Notizen oder Diagramme sprechen nur die linke Gehirnhälfte an, die (bei den meisten Menschen) für analytisches Denken zuständig ist (also Logik, Zahlen, geordnete Dinge). Die rechte Gehirnhälfte dagegen beinhaltet normalerweise das bildliche Vorstellungsvermögen. Hier werden Formen, Farben, Muster und Rhythmus verarbeitet. Mind Maps nutzen diese Fähigkeiten der rechten Gehirnhälfte zusätzlich zur linken Gehirnhälfte. Dadurch wird die Leistungsfähigkeit des Gehirns bestmöglich ausgeschöpft. Eine Mind Map regt die Kreativität an und lässt sich immer weiter vervollständigen.

Regeln zur Mindmap-Erstellung:

Das Thema/der Oberbegriff wird in die Mitte eines quergelegten großen Blattes (oder der Tafel) geschrieben (in großen Druckbuchstaben) und eingerahmt.

Schlüsselbegriffe, die zu dem zentralen Thema passen, werden um das Zentrum herum auf dickere Äste in Druckbuchstaben geschrieben. Farbige Gestaltung ist sinnvoll.

Wie Zweige eines Baums werden passende Begriffe auf kleinere Äste an die Äste der Schlüsselbegriffe gezeichnet, immer in Druckschrift schreiben und das Blatt nicht drehen.

Passende Bilder und Skizzen an den jeweiligen Ästen vervollkommnen das Mind Map!

Beispiele:

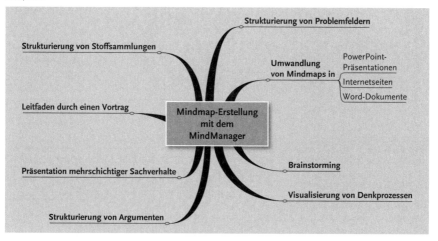

8 Schülerspezifische Antwort

Klar werden soll insbesondere der Zusammenhang zwischen Pauschal- und Individualtourismus und den genannten Merkmalen eines Zielgebiets (je fremder, unentwickelter oder politisch-gesellschaftlich unstabiler ein Land, desto eher werden geführte Reisen angeboten und desto bedeutsamer wird die Qualität der Leistungsträger vor Ort).

9 Schülerspezifische Antwort

Unterschied Massentourismus – Sanfter Tourismus soll verdeutlicht werden in Bezug auf den Nutzen für die einheimische Bevölkerung sowie die Nachhaltigkeit und Umweltverträglichkeit.

Durchführbar z. B. als Fantasiereise:

„Setzen Sie sich bequem hin, oder legen Sie sich, wenn Sie möchten. Entspannen Sie sich, atmen Sie ruhig ein und aus. Nun stellen Sie sich bitte vor, Sie leben in einem Ort am Meer oder an einem See mit angenehmem Klima, reizvoller Natur und vielen kulturellen Sehenswürdigkeiten in der Nähe (Schlösser, Burgen, Museen, etc.). Sie arbeiten gemeinsam mit dem Bürgermeister an einem Konzept für den Ausbau des touristischen Angebots in Ihrem Ort. Es steht genügen Geld zur Verfügung, um die touristische Infrastruktur (Unterkünfte, Verkehrswege, Gastronomie, Unterhaltung, etc.) aufzubauen. Fünf Jahre später gehen Sie durch Ihren Ort. Sie sind stolz auf Ihr Konzept; viele Urlauber begegnen Ihnen. Was machen die Gäste, wo wohnen sie, wie verbringen sie ihre Tage? Wie hat sich Ihr Heimatort entwickelt? Welche Geräusche hören Sie, wie riecht es, welche Farben herrschen vor? – Nun öffnen Sie langsam die Augen. Schreiben Sie in Stichpunkten die Merkmale Ihres Ortes auf."

10 Schülerspezifische Antwort.

• Öko-Tourismus ist ein Begriff, der in den 60er Jahren des letzten Jahrhunderts in den USA entstand. Urlaub soll demnach ökologisch vertretbar und achtsam sein. Aussagefähiger ist für viele der Begriff des „nachhaltigen Tourismus", der die natürlichen Ressourcen insoweit schont, dass sie auch in Zukunft zur Verfügung stehen.

• Oft wird die An- und Abreise ausgeblendet (ist es noch ökologisch, mit dem Flugzeug in den Urlaub zu fliegen?).

• Nicht nur Rücksicht auf die Natur, sondern auch auf die Einwohner des besuchten Zielgebiets ist von Bedeutung! Manche Definitionen gehen noch weiter und fordern, dass Öko-Tourismus zum Wohlergehen von Mensch und Umwelt vor Ort führen muss.

• Öko-Tourismus bedeutet für andere eine Reise in die Natur oder sogar in ein Naturschutzgebiet, z. B. in eine der weltweit vorhandenen Eco-Lodges.

• Pionierarbeit des nachhaltigen Tourismus fand bereits in den 90er Jahren in Namibia statt.

11 Urlaubstypologien ermöglichen eine Aussage über die Vorlieben bei der Urlaubsplanung. Sie können von Reiseveranstaltern und Reisemittlern daher als erste Grundlage für einen Beratungsansatz genutzt werden, insbesondere nach einer eingehenden Bedarfsanalyse im Gespräch mit dem Kunden.

12 Schülerspezifische Antwort.

S. 188 (Aufgaben zu Kapitel 3.1.1)

1 Der Abstand auf der Peterskarte beträgt grob das Doppelte der Entfernung von Frankfurt nach New York, also 12400 km. Tatsächlich beträgt die Entfernung zwischen Frankfurt und Kapstadt ca. 9400 km. Das Kriterium der Längentreue wird verletzt.

2 a) Fläche:

	Brasilien	Afrika	Grönland
Mercator	Groß	Klein	Groß
Peters	Groß	Groß	Klein

Lage:

	Brasilien	Afrika	Grönland
Mercator	Südl. Äquator, große O-W Ausdehnung	Ca. mittig um Äquator	Im Norden
Peters	Südl. Äquator, geringe O-W Ausdehnung	Eher nördlich des Äquators	Am Nordpol

b) Mercator = Winkeltreu
   Peters = Flächentreu

c) Winkeltreue: bei jeder Art von Navigation wichtig
   Flächentreue: ist bei der Darstellung der Größenverhältnisse verschiedener Länder wichtig

d) Schülerspezifische Antwort

3 Jahrzehntelang wurden in vielen Darstellungen (z. B. Tagesschau) hauptsächlich Mercator Karten verwendet. Folge, der Kontinent Afrika wurde als vermeintlich „klein" angesehen. Z. T. wurden Mercator-Karten als imperialistisch betitelt.

4 Am ehesten eine vermittelnde Karte, etwa nach Mollweide.

Zusatzaufgaben DVD (Kapitel 3.1.1)

5

Strecke	Entfernung auf der Karte in cm	Maßstab	Entfernung in km
Berlin – Warschau	2,2	1:24 000 000	520,8
Adelaide – Canberra	2,7	1:36 000 000	972
Caracas – Montevideo	14	1:36 000 000	5 040
New York – San Francisco	4,9	1:90 000 000	4 410
Wien – Stuttgart	11,5	1:4 500 000	517,5

6

Strecke	Entfernung auf der Karte in cm	Maßstab	Entfernung in km
Miami – Casablanca	5,75	1:120 000 000	6 900
Buenos Aries – Rio de Janeiro	10,9	1:18 000 000	1 962
London – Paris	7,5	1:14 500 000	337,5
Kiel – Lübeck	4,5	1:1 350 000	60,75
Neapel – Athen	2,9	1:30 000 000	870

S. 190 (Aufgaben zu Kapitel 3.1.2)

1 Frankfurt liegt auf dem 50. Breitengrad Nord: Zwischen dem 49. und 51. Breitenkreis liegen: Winnipeg 49°54´, Vancouver 49°15`, Volgograd 49°30`, Kiew 50°30`, Krakau 50°06`, Prag 50°03`. Frankfurt liegt auf dem 8. Längengrad Ost: Bremen 8°48`, Zürich 8°30`, Genua 8°46`, Calvi (Korsika) 8°46´.

2 Die Bountyinseln liegen bei 47° 30 Minuten südlicher Breite und 179° 10 Minuten östlicher Länge.

3 Fairbanks: Alaska
Tampico: Mexiko
Bounty: Südpazifik, östlich von Neuseeland
Lamu: Kenia
Quedlinburg: Harz

Zusatzaufgaben DVD (Kapitel 3.2.4)

1 Weil die Sonne im Osten früher ihren Sonnenhöchststand hat. Deswegen hätte Halle (Saale) eine spätere und Saarbrücken eine frühere Ortszeit.

2 Saarbrücken liegt ca. auf 7° OL, Halle auf ca. 12° OL, d. h. der Ortszeitunterschied beträgt 20 Minuten.

3 Australien, Brasilien, Indien, Kanada, Kasachstan, Kongo, Mexiko, Mongolei, Russland und die USA. China hat nur eine Zeitzone!

Nummer 4 im Schülerbuch ist nur ein Hinweis und keine Aufgabe; daher geht es mit den Lösungen für Aufgabe 5 weiter.

5

		+/– GMT	Ortszeit
A	Bolivien	– 4	11:00
B	Costa Rica	– 6	09:00
C	Malediven	+ 5	20:00
D	Japan	+ 9	00:00 + 1
E	Aruba	– 4	11:00
F	Gambia	0	15:00
G	Tonga	+ 13	16:00 + 1
H	Samoa	+ 13	16:00 + 1

6 Deutschland zu GMT + 1, Kenia zu GMT + 3, d. h. 2 Stunden Zeitverschiebung, in Deutschland ist es 11:00

7 China zu GMT + 8, Barbados zu GMT – 4, d. h. 12 Sunden Zeitverschiebung, in Barbados ist es 21:00 am vorherigen Tag.

8 Finnland zu GMT + 2, Hawaii zu GMT – 10, d. h. 12 Stunden Zeitverschiebung, in Finnland ist es 17:30 am gleichen Tag

9 New York zu GMT – 5, Argentinien zu GMT – 3, d. h. 2 Stunden Zeitverschiebung, in New York ist es 10:00 am gleichen Tag

1 = nächster Tag	+ 2 = übernächster Tag	– 1 = Vortag

	Abflugs-/Ankunftszeiten		+/– GMT/UTC	GMT/UTC	Reisedauer
1.	Frankfurt	ab 10:50	+ 1	09:50	
	Boston	an 13:00	– 5	18:00	08:10
2.	Vancouver	ab 15:50	– 8	23:50	
	Frankfurt	an 10:45 + 1	+ 1	09:45 + 1	09:55
3.	Abu Dhabi	ab 01:15	+ 4	21:15 – 1	
	Brüssel	an 09:55	+ 1	08:55	11:40
4.	Helsinki	ab 13:30	+ 2	11:30	
	Sao Paulo	an 06:40 + 1	– 3	09:40 +1	22:10
5.	Singapur	ab 01:20	+ 8	17:20 – 1	
	Buenos Aires	an 19:45	– 3	22:45	29:25
6.	Johannesburg	ab 19:15	+ 2	17:15	
	Auckland	an 11:25 + 2	+ 12	23:25 + 1	30:10
7.	Sydney (via LAX)	ab 19:00	+ 10	09:00	
	Papeete	an 06:00 + 1	– 10	16:00 + 1	31:00
8.	Hongkong	ab 22:15	+ 8	14:15	
	Athen	an 08:10 + 1	+ 2	06:10 + 1	15:55
9.	Los Angeles	ab 10:00	– 8	18:00	
	Tokyo	an 16:00 + 1	+ 9	07:00 + 1	13:00
10.	Brisbane	ab 16:25	+ 10	06:25	
	Honolulu	an 23:40	– 10	09:40 +1	27:15

Das ist immer die Reisezeit, nicht die Flugzeit! Also mit Umsteigen etc.

S. 195 (Aufgaben zu Kapitel 3.3.1)

1 In Hochsommer der Nordhalbkugel (Juni/Juli) bewirkt die Lage der Erde zur Sonne durch ihre Schrägstellung (der Erdachse), dass der Nordpol zur Sonne hin zeigt, der Südpol jedoch von der Sonne weg. Dies bedeutet, dass der äußerste Norden der Erde stets – tags und nachts – im Sonnenlicht liegt. Bis zum Winter „wandert" die Erde auf die andere Seite der Sonne, behält aber ihre Schrägstellung bei. Dadurch ist im Dezember/Januar der Nordpol der Sonne abgewandt und dadurch stets im Dunkeln. Am 21.6. liegt die gesamte Region nördlich des Nordpolarkreises im Hellen, die Region südlich des Südpolarkreises im Dunkeln, am 21.12. ist es umgekehrt (die Polarkreise sind in der unteren Abbildung auf Seite 188 gestrichelt eingezeichnet).

2 a) In keinem Monat. Die Karibik liegt nahe des Äquators. Dort wirkt sich die Schrägstellung der Erdachse nur ganz gering aus, die Sonne geht ungefähr immer zur gleichen Zeit auf- und unter. Ihr Höchststand „pendelt" zwischen Winter und Sommer zwischen den Wendekreisen hin- und her. Daher sind die Tageslängen nördlich und südlich der Wendekreise besonders jahreszeitenabhängig.

b) Die Kunden haben vergessen, dass Südafrika auf der Südhalbkugel liegt. Dort ist im Dezember zwar auch Weihnachten, allerdings ohne Schnee, da zu dieser Zeit dort Sommer ist. Der Südliche Wendekreis, der durch den Norden Südafrikas verläuft, markiert die Stelle, an der die Sonne am 21.12. im Zenit steht (längster Tag des Jahres!). Aus diesem Grund ist es dort auch zu dieser Zeit am wärmsten. Auch in Australien und Neuseeland sowie in Südamerika fallen Weihnachten und die Sommerferien zusammen!

c) Nein! In unseren Sommerferien ist es dort stets dunkel (vgl. Aufgabe 1.) und eisig kalt, denn es ist Winter (Südhalbkugel). Auch werden zu dieser Zeit gar keine Kreuzfahrten in die Antarktis angeboten!

S. 199 (Aufgaben zu Kapitel 3.3.3)

1 Singapur – Ganzjährig, da es immer schwül ist, es kann immer regnen (keine ausgeprägte Regenzeit).
Nordostaustralien – Von April bis Oktober, da in unseren Wintermonaten die feucht-heiße Regenzeit ist (liegt in den südlichen Tropen).
Santiago de Chile – Oktober bis April, da dann auf der Südhalbkugel Sommer ist. In Santiago herrscht typisches Mittelmeerklima, daher ist es also in diesen Monaten auch am trockensten.
Los Angeles – April bis Oktober, da dann auf der Nordhalbkugel Sommer ist. In LA herrscht typisches Mittelmeerklima, daher ist es in diesen Monaten auf auch am trockensten.
Tokio – Frühjahr, ggf. auch Spätherbst, da es im Winter kühl (aber trocken!) wird, der Sommer wegen des subtropischen Ostseitenklimas heiß und regnerisch ist. Ende des Sommers (August/September) kann es zu Taifunen kommen.
Mumbai – November bis April, da Mumbai in der tropischen Monsunzone liegt; zwischen Juni und September beherrschen die Monsunregen die Stadt, während es in unseren Wintermonaten trocken ist.
Rio de Janeiro – Juni bis September, da die Stadt in der Übergangszone zwischen Subtropen und Tropen liegt, mit typischem Ostseitenklima, also Regen im Sommer, der in unsere Wintermonate fällt.
St. Petersburg – Juni bis August, da es dann am wärmsten und trockensten ist (kühlgemäßigte Zone) und man außerdem in den Genuss der Sommersonnenwende kommt (besonders lange Tage!).
Miami – November bis Mai, da es dann warm und trocken ist, während es in unseren Sommermonaten sehr schwül und heiß wird (Übergang Subtropen/Tropen, Ostseitenklima) und von August bis Oktober mit Hurricans gerechnet werden kann.
Bali – Mai bis Oktober, da die Insel in den südlichen Tropen liegt und daher in unseren Wintermonaten mit Monsunregen gerechnet werden muss und es generell schwül-heiß ist.
Westkanada –Juni bis August, da es dann am wärmsten und trockensten ist (kühlgemäßigte Zone).
Kapstadt – Oktober bis März, da zu dieser Zeit Sommer ist und wenige Niederschläge fallen (Westseitenklima, ozeanisch, daher keine großen Temperaturunterschiede).

2 Kann per Hand oder mit Computerprogrammen wie MS Excel oder MS Word erstellt werden, z. B. so:

Klima	J	F	M	A	M	J	J	A	S	O	N	D
°C Max.	28	27	27	24	18	13	12	15	22	24	27	29
°C Min	14	12	8	7	6	3	3	4	7	9	10	10
mm Regen	60	62	71	59	60	58	56	59	61	73	65	59

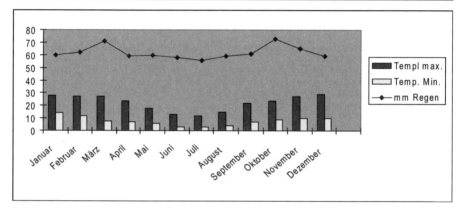

3 Merkmale: Temperatur sinkt nicht unter Null, schwankt aber sowohl zwischen Mindest- und Maximaltemperatur als auch zwischen den Jahreszeiten etwas. Dies deutet auf die Subtropen hin. Von November bis März ist es am wärmsten, also handelt es sich um die südliche Halbkugel. Die Niederschläge sind relativ gleich verteilt, also kein Mittelmeerklima (trockene Sommer), aber auch kein ausgeprägtes Ostseitenklima (feuchte Sommer). Die Ausgeglichenheit deutet auf ozeanisches Klima hin, wahrscheinlich ist es also ein Ort in Küstennähe.

Lösung: Melbourne (Australien)

4 Schülerspezifische Diagramme (Säulen- oder Kurvendiagramme).
Kriterien für die nördlichen Tropen: Ungefähr gleiche Mindest- und Maximaltemperaturen, kaum Schwankungen im Jahresverlauf sowie hohe Regenmengen in den Monaten Juni bis September, Trockenzeit im Januar/Februar.
Kriterien für das subtropische Westseitenklima: Keine Mindesttemperaturen unter 0°C., aber Schwankungen zwischen Mindest- und Maximaltemperaturen. Höchste Temperaturen im Juli/August ODER im Dezember/Januar (dann Südhalbkugel), Höhere Niederschlagsmengen in den Monaten mit den geringsten Temperaturen, im Hochsommer sehr trocken.

S. 203 (Aufgaben zu Kapitel 3.3.4)

1 Westwinde

2 Gleichmäßige, von Nordosten bzw. Südosten (Südhalbkugel) wehende Winde, die am Äquator aufeinander treffen.

3 In Südostasien (bes. Indien und Sri Lanka)

4 Im Sommer wehen die Winde über dem Indischen Ozean aus Südwesten (durch ein kräftiges Tiefdruckgebiet über Afghanistan). Sie bringen Feuchtigkeit aus dem Arabischen Meer mit. Die Luft heizt sich über dem indischen Festland stark auf und regnet ab. Dadurch entstehen die verheerenden Regengüsse. Im Januar kann man ähnliches in Nordaustralien beobachten, hier handelt es sich um den Nordwest-Monsun. Zur gleichen Zeit sorgt ein Hoch über Ostrussland für trockene und kühle Winde, die von Nordosten über das indische Festland wehen – der Nordostmonsun.

5 Weil sich die feuchte Luft über dem Festland Indiens so stark aufheizt (über Land heizt sich die Luft mehr auf als über Wasser) und dadurch seine ganze Feuchtigkeit „abregnet".

6 Wegen der Westwinde, die die Flugzeuge „anschieben" (Richtung Europa) bzw. ihnen entgegenwehen (von Europa kommend).

7

Winde	Regionen
1 Schirokko	B Italien
2 Etesien	D Ägäis
3 Bora	A Kroatische Küste
4 Mistral	E Rhonetal
5 Khamsin	F Ägypten
6 Chinook	G Nordamerika
7 Föhn	C Bayern

8 Föhn – Chinook – Khamsin – Etesien – Schirokko (demnach sind Bora und Mistral kalte Winde)

S. 207 (Aufgabe zu Kapitel 3.4.1)

1 Schülerspezifische Antworten, vgl. Text im Buch, Kapitel 3.4.1

S. 209 (Aufgaben zu Kapitel 3.4.2)

1 Kenia: Mount Kenya/Mount Elgon
Tansania: Kilimanscharo
Argentinien/Chile: Patagonien, Anden
Neuseeland

2 Monate Juli/August: Papua Neu Guinea, Indonesien, Borneo
Monate September/Oktober: Japan, Hongkong, Südkorea
Monate November/Dezember: Vietnam, Laos
Monate Januar/ Februar/März: Kambodscha, Thailand
Monate April/Mai/Juni: Malaysia (Ostküste), Singapur, Indonesien

3 **Australien: Südliche Ostküste und südliches Australien**
Günstig: Oktober bis Mai. Im Dezember/Januar jedoch heiß und sehr voll wegen der Schulferien.
Westküste (mit Perth)
Günstig: Oktober bis April, Dezember bis Februar, jedoch sehr heiß.
Mikronesien und Hawaii
Günstig: November bis April. Januar/Februar Hochsaison. Oft schwül, jedoch erfrischende Brise vom Meer.

4 Baden: Mauritius, Sansibar, Seychellen, Kapverden, Ägypten
Rundreisen: Ägypten, evtl. Namibia

5 a) Die günstigste Reisezeit ist von März bis November im Osten und Nordosten und von November bis März im Südwesten. Ideal für die gesamte Insel ist die überall niederschlagsarme Zeit von Ende Januar bis Mitte April.
Die heißesten Monate sind März und April, wenn die Sonne senkrecht über Sri Lanka steht. Danach erfasst der Süd-West-Monsun von Mai bis August hauptsächlich den Südwesten mit Regen. Im Norden und Osten der Insel fällt während der Nord-Ost-Monsunzeit, im Dezember und Januar, der Hauptniederschlag, der weniger ergiebig ist, als der Süd-West-Monsun.
b) Sri Lanka hat zwei unterschiedliche Klimazonen mit unterschiedlichen Monsunzeiten.

Lernfeld 4

S. 214 (Aufgaben zu Kapitel 1)

1 Schülerspezifische Antworten.
Kommunikationsstörungen treten auf, wenn die Botschaft nicht richtig beim Empfänger ankommt, sie nicht richtig entschlüsselt wird oder die „Kodierung" unpassend war.
Schülerspezifische Antwort, Lösungsbeispiele:
a) **inhaltlicher Aspekt; Problem Fachsprache:**
Expedient sagt Destination (Ort oder Region), Kunde versteht Desinfektion,
Expedient sagt *Voucher* (Hotelgutschein, Aussprache: „Wautscher"), Kunde versteht *Watcher* (Beobachter),
Expedient sagt *Sticker* (Bestätigungsvermerk), Kunde versteht *Sticker* (Aufkleber).
b) **Beziehungsaspekt; Problem Körpersprache und Redeverhalten:**
unangepasste Gestik, Mimik, Überheblichkeit, undeutliches und/oder zu schnelles Reden.

2 Schülerspezifische Antwort.
Beispiele zur **Ausgestaltung des Arbeitsplatzes**, die Kommunikationsstörungen vermeiden helfen: Kunde findet ausreichend Platz für seine Unterlagen, aufgeräumter Schreibtisch, elektronische Systeme sind funktionsfähig, Kataloge/Prospekte sind sortiert, Kundenberatungsbogen liegt bereit, das Telefon ist umgeleitet (wenn mit einem längeren Gespräch zu rechnen ist), der Zugriff auf die Kundendatei ist gewährleistet.

3 Schülerspezifische Antwort.
Lösungsbeispiele zur guten **Vorbereitung auf einen Kundenkontakt:** Vorabprüfung der Vakanz eines aktuellen Angebots, Kundendaten bereitlegen, Informationsmaterial vorbereiten, eventuell bestehende Buchung noch einmal durchgehen, bei offenen Fragen Kollegen oder Kolleginnen ansprechen, Arbeitsplatz ordnen und ggf. säubern, äußeres Erscheinungsbild überprüfen (Blick in den Spiegel), usw.

4 Schülerspezifische Antwort.
Lösungsbeispiel: Empfehlenswerte Aktionen, um die **fachliche Kompetenz** auf dem aktuellen Stand zu halten sind, innerbetriebliche und andere Weiterbildungsangebote nutzen, Branchenmagazine lesen und berufsspezifische Informationen einholen. Zum Beispiel über aktuelle *Last-Minute*-Angebote, Angebote der TV-Reisesender, *Events* im Rahmen von Städtereisen, Leser- und Hörerreisen, Destinationen aus der Fachpresse, Katalogangebote für die kommende Saison, usw.

5 Geltende **datenschutzrechtliche Vorschriften** für die Tourismuswirtschaft sind vorwiegend das BDSG und das TDDSG. Spezielle **berufsrechtliche Vorschriften** für die Tourismusbranche gibt es nicht.

6 Auch Auszubildende in der Tourismuswirtschaft sind zur **Verschwiegenheit zu verpflichten.** Dies ergibt sich infolge aus § 13 BBiG (Verhalten während der Berufsausbildung, 6. „... über Betriebs- und Geschäftsgeheimnisse ist Stillschweigen zu bewahren ...").
Zusatzinformation: Aus § 611 BGB („Ein Arbeitnehmer ist während und nach Beendigung des Arbeitsverhältnisses verpflichtet, Verschwiegenheit über Geschäfts- und Betriebsgeheimnisse seines Arbeitgebers zu bewahren ...", StiBAG, Urteil vom 15.12.1987 – 3 AZR 474/86) ergibt sich die Verpflichtung zur Verschwiegenheit bei und nach bestehendem Arbeitsverhältnis.

7 **Personenbezogene Daten** sind Einzelangaben über persönliche oder sachliche Verhältnisse einer bestimmten oder bestimmbaren natürlichen Person.

8 Eine **Datei** ist
1. eine Sammlung personenbezogener Daten, die durch automatisierte Verfahren nach bestimmten Merkmalen ausgewertet werden kann (automatisierte Datei), oder
2. jede sonstige Sammlung personenbezogener Daten, die gleichartig aufgebaut ist und nach bestimmten Merkmalen geordnet, umgeordnet und ausgewertet werden kann (nicht automatisierte Datei).

9 Unter einer **automatisierten Datei** wird die programmgesteuerte automatisierte Erhebung, Verarbeitung oder Nutzung personenbezogener Daten verstanden.
Eine **nicht automatisierte Datei** liegt dann vor, wenn eine Sammlung personenbezogener Daten zwar nicht automatisiert ausgewertet werden kann, aber folgende Merkmale erfüllt sind: Gleichartiger Aufbau der Sammlung, Möglichkeit der Ordnung, Umordnung oder Auswertung nach bestimmten Merkmalen, z. B. Sammlungen von Registermappen.

10 Die Daten über die einbezogenen Personen dürfen ohne **Einwilligung** dieser Personen nicht in automatisierten Dateien gespeichert oder verarbeitet werden.

11 Unter **Datensicherung** werden alle Maßnahmen, Methoden und Einrichtungen verstanden, um Daten durch technische Ursachen und/oder menschliches Handeln vor fehlerhaften Eingaben, fehlerhaften Übertragungen, unberechtigten und/oder fehlerhaften inhaltlichen Veränderungen, Beschädigungen, Verlust oder unbefugter Nutzung zu bewahren.

12 Ein betriebliche **Datenschutzbeauftragter** ist zu bestellen, wenn eine der folgenden Bedingungen erfüll ist (vgl. § 4 f (1) BDSG):
  – Es werden Daten erhoben, verarbeitet oder personenbezogene Daten für eigene Zwecke genutzt und es sind mehr als neun Mitarbeiter in diesem Bereich beschäftigt (bei nicht automatisierter Verarbeitung mindestens 20 Mitarbeiter).
  – Es werden Daten erhoben oder personenbezogene Daten werden geschäftsmäßig verarbeitet zum Zwecke der Übermittlung an Dritte (z. B. Auskunfteien, Adresshandel).
  Diese Bedingungen gelten für alle Organisationen, also auch für Vereine!

13 Schülerspezifische Antwort.
  In der Regel sind dies die **Landesbeauftragten für den Datenschutz** bzw. der oberste Leiter einer Behörde, z. B. der Innenminister eines Bundeslandes.

14 Unter einem **Persönlichkeitsprofil** wird eine Zusammenstellung von Daten verstanden, deren Sinn und Zweck darstellt, eine Beurteilung wesentlicher Aspekte der Persönlichkeit einer natürlichen Person vornehmen zu können. Durch ein Persönlichkeitsprofil können Persönlichkeitsrechte der Mitarbeiter beeinträchtigt werden. Mithilfe von Software sind Datenanalysen möglich, die das Verhalten der Arbeitnehmer systematisch ausforschen. Einer solchen umfassenden Überwachung ihres Verhaltens am Arbeitsplatz stehen die schutzwürdige Belange der Arbeitnehmer entgegen. Zu den besonders schützenswerten Daten gehören u. a.:
1. die religiösen, weltanschaulichen, politischen oder gewerkschaftlichen Ansichten oder Tätigkeiten,
2. die Gesundheit, die Intimsphäre oder die Rassenzugehörigkeit,
3. Maßnahmen der sozialen Hilfe,
4. administrative oder strafrechtliche Verfolgungen und Sanktionen.
Daher ist es Arbeitgebern nicht erlaubt, Persönlichkeitsprofile von Mitarbeitern zu erstellen.
(In diesem Zusammenhang sind die als *SoftSkills* benannten Persönlichkeitsprofile, z. B. Verhaltenspräferenzen, Stresspotenzial, Stärken und Schwächen, Auffassungsgabe, Kreativität, zu unterscheiden. *SoftSkills* eines Mitarbeiters/Bewerbers werden und dürfen bei einer Entscheidungsfindung miteinbezogen werden.)

S. 224 (Aufgaben zu Kapitel 2)

1 Schülerspezifische Antworten.
  Lösungsbeispiele für Störfaktoren und deren Behebung:
  Faktor 1 – Kunden finden keinen Sitzplatz oder keine Wartebeschäftigung: Blickkontakt herstellen (ich habe Sie gesehen), Stuhl besorgen und anbieten, Kataloge und Magazine zur Verfügung stellen, Getränke anbieten (Wasser, Kaffee, Fruchtsäfte) ...
  Faktor 2 – keine angemessene Körperhygiene (Mundgeruch, Zigaretten-, Alkoholgeruch, Schweißgeruch etc.): immer besonders auf die eigene, gute Hygiene achten!
  Faktor 3 – keine angemessene Kleidung (Minirock, *Flip-Flops*, Top ...): immer auf angemessene Kleidung achten!
  Faktor 4 – Gesprächsstörungen durch Kollegen/Kolleginnen: ein Signal (z. B. Schild, Lämpchen, Blume etc.) sichtbar platzieren, um Kollegen/Kolleginnen zu signalisieren, dass Sie nicht gestört werden möchten. Störungen sind möglichst zu vermeiden.
  Faktor 5 – Kundenkontakt mit Sichtsperre: Sichtsperren vermeiden, aus dem Weg räumen, Platz schaffen, Kunde an Ihrer Arbeit teilhaben lassen.
  Faktor 6 – Kommunikationsstörung: dem Kunden direkt ins Gesicht schauen beim Reden, Kommunikation aufrecht erhalten, selbstbewusst auftreten ...
  Faktor 7 – Straßenlärm: Tür geschlossen halten oder automatisch schließende Türen einbauen; Fenster schließen.
  Faktor 8 – keine gute Büroatmosphäre (dunkle Farbengebung): Umgestaltung mit warmen Farbtöne wie Rot, Orange oder Gelb, lassen Assoziationen mit Sonnenschein aufkommen.

2 Schülerspezifische Antwort.

„Ich bin der geduldige Typ, der Dienstleistungstyp, der freundliche Typ, der soziale, aber durchsetzungsfähige Typ und der überzeugende Typ. Diese Eigenschaften sind meiner Meinung nach am wichtigsten, um erfolgreich zu sein."

Meine persönliche Schwächen: „Ich bin vielleicht ein bisschen zu freundlich (Kunde ist König!). Viele Kunden nutzen dies leider aus. Für mich gilt trotzdem; den Kunden so zu behandeln, wie ich selber behandelt werden möchte."

Das ideale Anforderungsprofil: „Ist für mich fachlich kompetent, interessiert, freundlich, aufgeschlossen, dienstleistungsorientiert, praxisorientiert und stressresistent."

„Als verbesserungswürdig empfinde ich mein Verhandlungsgeschick und meine rechnerischen Fähigkeiten bei Vertragsabschlüssen. Damit wurde ich bisher allerdings auch noch nicht konfrontiert, da wir Besucher nur beraten und nichts verkaufen."

Beispiel für ein **Sollprofil** für den Ausbildungsberuf: Taktgefühl, Geschick im Umgang mit Menschen, rechnerische Fähigkeiten und Verhandlungsgeschick.

3 Schülerspezifische Antworten.
Lösungsbeispiele **Gesprächstypen:**
Der Vielredner hat einen ausführlichen Erzählstil, aber keinen Gesprächsfaden.
Kunde: „Wissen Sie, damals, waren wir in einem 4-Sterne-Haus mit *all-inclusive* für nur 550,00 € in der Türkei. Das Essen, das Hotel und der Strand waren super ..."
Expedient: „Habe ich Sie richtig verstanden, dass Sie viel Wert auf eine super Hotelanlage mit *all-inclusive* und gutem Essen legen? Und der Strand genau so schön sein soll?"
Kunde: „Ja."
Expedient: „Dann ist dieses Hotel genau das richtige für Sie! Das 5-Sterne- Hotel „Antalya" ist eine super Hotelanlage ..."
Der Besserwisser lässt wenig Raum für die Meinung anderer und hat selbst immer recht.
Kunde: „Hören Sie mir mal genau zu! Sie wissen doch auch, dass deutsche Staatsbürger ein Visum benötigen. Mir ist das zu viel Stress, vor Ort ein Visum zu beantragen."
Expedient: „Schön, Herr Vogel, dass Sie sich hier so gut auskennen. Es gibt Veranstalter, die das für Sie erledigen, wie z. B. TUI. Hier ist Ihr Visum inklusive. Sie müssen sich also um nichts kümmern und haben einen stressfreien Urlaub."
Der Zauderer entscheidet ungern, zögert Entscheidungen hinaus, ist freundlich im Gespräch, aber bewegt nichts.
Kunde: „Ich weiß nicht, ob meiner Frau das Hotel gefällt."
Expedient (Lächeln!): „Herr Böhme, ich kann Ihnen selbstverständlich dieses Hotel unverbindliche reservieren, damit Sie es noch einmal mit Ihrer Frau besprechen können und nichts überstürzen."
Kunde: „Ja, dass ist lieb von Ihnen, dass machen wir."
Der Schweiger ist zugeknöpft und gibt von sich aus wenig Information preis. Er/sie gibt ungern Antwort bzw. beantwortet Fragen nur mit Ja oder Nein.
Expedient: „Wie würden Sie gerne Ihren Urlaub verbringen?"
Kunde: „Gemütlich."
Expedient: „Was verstehen Sie unter gemütlich?"
Kunde: „Lange schlafen und sich dann am Meer sonnen lassen."
Der Pessimist/Nörgler klagt und jammert und hat eine Liste von Beschwerden. Schuld an seiner Unzufriedenheit sind meist die anderen.
Kunde: „Das ist so ein schönes Hotel und der Preis stimmt auch, wahrscheinlich ist es nicht mehr frei ..."
Expedient: „Herr Fröhlich, ich höre, Ihnen gefällt diese Hotelanlage und sie ist zu Ihrem Reisetermin auch noch frei."
Kunde: „Wirklich? Das ist ja eine gute Nachricht, dass mir keiner zuvorgekommen ist ..."
Der Aggressive ist bestimmend und autoritär; gibt knappe Antworten, die meist negativ sind.
Kunde: „Das ist mir längst bekannt, ich war schon in diesem Hotel. Was bilden Sie sich denn ein, glauben Sie, ich wüsste nicht, dass dieses Hotel kein *all-inclusive* bietet?"
Expedient: „Ich habe leider nicht gewusst, dass Sie bereits in diesem Hotel waren. Sie haben recht, dass dieses Hotel kein *all-inclusive* bietet."
Kunde: „Ja, dann ist es ja gut. Ich bespreche es mit meiner Frau und melde mich morgen."
Expedient: „In Ordnung, Herr Troll, ich wünsche Ihnen noch einen schönen Tag."

4 Schülerspezifische Antworten.
Kundenärgernisse beruhen i. d. R, darauf, dass Probleme, Wünsche und Bedürfnisse des Kunden nicht gelöst bzw. befriedigt werden.

Lösungsbeispiele für fünf konkrete Vorschläge, um Kundenärgernisse abzubauen:
Auf Kunden zugehen und ihm/ihr aufmerksam zuhören, Interesse zeigen, sich Zeit nehmen und geduldig bleiben, Kundenwünsche berücksichtigen, freundlich sein und bei der Wahrheit bleiben.
Freundlichkeit (die Atmosphäre ist von Beginn an entspannter), fachliche Kompetenz (der Kunde spürt, dass ihm weitergeholfen wird), auf den Kunden eingehen (seine Wünsche respektieren), nichts aufdrängen (der Kunde fühlt sich ernst genommen), sich Zeit nehmen (der Kunde spürt, dass er wichtig ist), auf Kundenwünsche nicht abfällig reagieren (der Kunde fühlt sich als gleichwertiger Partner).

5 Schülerspezifische Antworten.
Lösungsbeispiele:
Eine **offene Körperhaltung** signalisiert Interesse: ausgewogener Blickkontakt, wacher Blick, sitzen auf der vorderen Stuhlkante, unterstützende Mimik und Gestik (Lächeln, einladende Handbewegung).
Eine **geschlossene Körperhaltung** signalisiert Desinteresse: verschränkte Arme, geschlossene Hände, kein bzw. kaum Blickkontakt.

6 Schülerspezifische Antwort.
Lösungsbeispiel:
Nonverbale Kommunikation ist äußere Erscheinung und Kleidung, Körperhaltung, Gesichtsausdruck (Mimik) und Sprechweise, Stimme, Tonfall.

7 Schülerspezifische Antworten.
Lösungsbeispiele:
Umformulierungen in den Indikativ
„Bitte melden Sie sich, wenn …"
„Das schaue ich sofort noch einmal nach …"
„Bis Dienstag klappt das …"
Umformulierungen in das Präsens
„Ich melde mich bis Freitag …"
„Sie erhalten unsere Prospekte …"
„Ich gebe das Angebot zur Post …"
Positivformulierungen
„Dafür ist Herr XY zuständig!"
„Die beste Reisezeit für Koh Samui ist in den Monaten …"
„Gerne erkläre ich es ihnen noch einmal …"

8 Schülerspezifische Antworten.
Lösungsbeispiele zur **Vorbereitung auf ein Telefongespräch**, bezüglich
– Informationen: über diesen Kunde sichten,
– Materialien: Kundendatei, (vorhandener) Kundenberatungsbogen, Schreiber, Anfrage des Kunden bereitlegen,
– Aktivitäten: aktuelle Angebote sichten und bereitlegen.

S. 234 (Aufgaben zu Kapitel 3)

1 Schülerspezifische Antworten.
Beispiele für die Zielsetzung der einzelnen Phasen des Verkaufsgespräches:
Kontaktphase und Begrüßung: vertrauensvoller Gesprächseinstieg, Wohlfühlatmosphäre schaffen, Vorstellen der eigenen Person, erfragen des Namens und Anliegens des Kunden.
Bedarfsermittlung: Ermittlung der Wünsche und Bedürfnisse des Kunden, Ermittlung der für die Buchung wichtigen Informationen (z. B. Personenzahl, Abflughafen etc.), Beantwortung von Kundenfragen.
Angebotsphase: unter vorhandenen Angeboten ein passendes auswählen und dem Kunden das ausgewählte Angebot präsentieren (z. B. mit Nutzenbrücken).
Einwandbehandlung: Kundeneinwände ausräumen, Fragen beantworten, Angebot verbessern oder Einwände entkräften.
Abschlussphase und Verabschiedung: Kunde (z. B. mit Vorwegnahme-Technik) zur Buchung führen, Zusatzleistungen vermitteln und eine Unterschrift erzielen. Der Kunde soll in der Gewissheit, die für ihn richtige Reise/Aktivität/Ausflug gebucht zu haben, zufrieden und glücklich das Büro/die Agentur verlassen.

2 Schülerspezifische Antwort.
Lösungsbeispiel: Unter **„Gleichberechtigung"** im **Platzangebot** ist gemeint, dass auch der Kunde seinen eigenen Teil am Schreibtisch/*Counter* des Expedienten hat.

3 Schülerspezifische Antwort.
Beispiel für die **Frage nach dem Kundenwunsch:**
– „Was kann ich für Sie tun?"   – „Wie kann ich Ihnen helfen?"
– „Wie kann ich Ihnen behilflich sein?"   – „Wie darf ich Ihnen helfen?"
– „Was darf ich für Sie tun?"

4 Dienstbereitschaft wird signalisiert durch: anschauen/anlächeln des Kunden, wenn er/sie den Raum betritt, auf ihn/sie zugehen, eine offene Körperhaltung, die Frage nach dem Kundenwunsch.

5 Schülerspezifische Antworten.
Beispiele für **persönliche Vorstellung:**
„Mein Name ist Wöhlert, Eva Wöhlert. Wie kann ich Ihnen weiterhelfen?"
„Ich freue mich, dass Sie den Weg zu uns gefunden haben. Mein Name ist Eva Wöhlert."
Beispiele für das **Erfragen des Kundennamens:**
„Wie ist Ihr Name?"
„Sagen Sie mir bitte auch Ihren Namen?"
„Und wie darf ich Sie ansprechen?"

6 Schülerspezifische Antwort.
Beispiel:
Jeder Mensch hat zunächst Grundbedürfnisse (Essen, Trinken, Schlafen, Wohnen), die befriedigt werden müssen. Erst danach entwickelt er Interessen, die über das Lebensnotwendige hinausgehen. Die **Maslow'sche Pyramide** wird am häufigsten zur Erklärung dieser „Bedürfnisstufen" herangezogen. Sie beinhaltet von unten nach oben: Grundbedürfnisse, soziale Sicherheit, soziale Bindungsbedürfnisse, Selbstachtung, Selbstverwirklichung.

7 **Reisemotive sind dynamisch,** also veränderlich, weil sie vom jeweiligen Alter, den Interessen und dem sozialen Status des Reisenden abhängig sind. Auch diese sind jederzeit veränderlich. Als 20-Jähriger wählt man höchstwahrscheinlich ein anderes Reiseziel, z. B. Partyspaß am Strand, als im Rentenalter, z. B. Erholungsurlaub mit kulturellen Besichtigungstouren, weil die Motivation eine ganz andere ist.

8 Diese Elemente eines Buchungsangebotes dienen einem Kunden bei einer
– **Pauschalreise:**
   der Bedürfnisbefriedigung: Hotelübernachtung und Verpflegung
   der Wunscherfüllung: Hotel in Strandnähe
   der Problemlösung: Transfer vom Flughafen zum Hotel inklusive
– **Städtereise:**
   der Bedürfnisbefriedigung: Hotelübernachtung mit Frühstück
   der Wunscherfüllung: z. B. Museumskombikarte inklusive
   der Problemlösung: Ticket des öffentlichen Personennahverkehrs (ÖPNV) statt nerviger Parkplatzsuche
– **Kreuzfahrt:**
   der Bedürfnisbefriedigung: Übernachtung und Vollpension
   der Wunscherfüllung: frische Seeluft, Erholung und Landausflüge
   der Problemlösung: An- und Abreise zum Schiff wird organisiert

Zusatzaufgaben DVD (Aufgaben zu Kapitel 3)

9 **Geschlossene Fragen** erkennt man daran, dass sie nur mit Ja oder Nein zu beantworten sind. Sie dienen der Bestätigung, aber nicht der Informationsgewinnung. Hier die Lösungen:
Fall 1: Die Fallschirme zweier Fallschirmspringer haben sich nicht geöffnet.
Fall 2: Ein Fensterflügel hat das Aquarium vom Fensterbrett gestoßen.

10 Schülerspezifische Antwort.
Beispiele für **offene Fragen:**
– „Was planen Sie in Ihrem Urlaub zu tun?"   – „Was ist Ihr frühester Flugtermin?"
– „Wann wollen Sie Ihre Reise antreten?"   – „Wann müssen Sie wieder zu Hause sein?"
– „Wann soll die Reise sein?"   – „Mit wie vielen Personen möchten Sie verreisen?"
– „Wie lange möchten Sie verreisen?"

11 Schülerspezifische Antwort.
Beispiele für **geschlossene Fragen**:
- „Wollen Sie ab/bis Frankfurt fliegen?"
- „Wünschen Sie ein Doppelzimmer?"
- „Entspricht dieses Angebot Ihren Vorstellungen?"
- „Möchten Sie auf die Kanaren reisen?"
- „Habe ich einen Punkt noch nicht genannt?"
- „Habe ich etwas Wesentliches vergessen?"

12 Formulieren von offenen aus geschlossenen Fragen:

Geschlossene Frage	Offene Frage
„Gefällt Ihnen der Katalog?"	„Wie gefällt Ihnen der Katalog?"
„Kennen Sie Ibiza?"	„Wie gefällt Ihnen die Insel Ibiza?"
„Surfen Sie?"	„Welche Wassersportart betreiben Sie?"
„Reisen Sie mit der Familie?"	„Mit wie vielen Personen reisen Sie?"
„Wollen Sie in die USA?"	„Was halten Sie von den USA?"
„Haben Sie Zeit?"	„Wie lange haben Sie Zeit?"

13 Die **offene Frage** eignet sich für den Beginn eines Verkaufsgespräches und die Bedarfsermittlung (Aufwärmphase, Wunschphase, Präzisierungsphase). Mit offenen Fragen können die Bedürfnisse, Motive und Wünsche des Kunden herausgefunden werden. Man möchte an Informationen gelangen und das Gespräch in Gang bringen.
Die **geschlossene Frage** eignet sich in der Rückkopplungsphase. Mit **geschlossenen Fragen** möchte man konkrete Antworten (Ja oder Nein). Es soll die Zustimmung für einen Vorschlag oder ein Angebot erlangt werden.

14 Formulieren der Präzisierungsfrage:

Kundenaussage	Präzisierung
„Das Hotel sollte in Strandnähe liegen."	„Was verstehen Sie unter einem Hotel in Strandnähe?"
„Wir möchten keinen Trubel."	„Was verstehen Sie unter einem ruhigen Urlaub?"
„Das Publikum sollte in unserem Alter sein."	„Wie grenzen Sie Ihre gewünschte Altersgruppe denn ein?"
„Das Klima muss angenehm sein."	„Was verstehen Sie unter einem für Sie angenehmen Klima?"

15 Im Verkaufsgespräch eingesetzt werden die:
Alternativfrage: zur Bedarfsermittlung und in der Abschlussphase,
Suggestivfrage: in der Angebotsphase,
reflektierende Frage: zur Bedarfsermittlung und in der Abschlussphase,
Präzisierungsfrage: in der Bedarfsermittlung und in der Abschlussphase, denn sie hilft dem Kunden, seine Bedürfnisse auf den „Punkt" zu bringen.

16 Ziele der **Alternativfrage**: klare Entscheidung herbeiführen, Nein-Antworten vermeiden,
Ziel der **Suggestivfrage**: die eigene Meinung auf den Kunden übertragen (ohne dies als Manipulation erscheinen zu lassen!),
Ziele der **reflektierenden Frage**: Bedarfsorientierung, Rückblick und Zusammenfassung der Kundenwünsche,
Ziele der **Präzisierungsfrage**: genaue Informationen, Präzisierung des Kundenwunsches.
Der Expedient führt das Kundengespräch!

17 Schülerspezifische Antworten.
Beispiele für **Alternativfragen**:
„Möchten Sie ab Frankfurt oder Stuttgart fliegen?"
„Wäre Ihnen ein Einzel- oder ein Doppelzimmer angenehm?"
„Möchten Sie den Mietwagen am Hotel oder am Flughafen übernehmen?"
„Bevorzugen Sie Voll- oder Halbpension?"
„Möchten Sie ein Hotel oder eine Ferienwohnung?"

Beispiele für **Suggestivfragen**:
„Sie sind doch auch der Meinung, dass dieses Hotel eine ausgezeichnete Lage hat?"
„Sie haben doch auch die Erfahrung gemacht, dass der Oktober ein schöner Urlaubsmonat ist?"
„Sicherlich ist Ihnen auch bekannt, dass bei TUI ‚Zug zum Flug' inklusive ist?"
„Sie sind doch auch der Meinung, dass ein Familienzimmer mit separatem Schlafraum angenehmer ist?"
„Sie haben doch auch die Erfahrung gemacht, dass eine Sitzplatzreservierung im Flugzeug den Urlaub angenehm startet?"
Beispiele für **reflektierende Fragen**:
„Wie Sie schon gesagt haben, legen Sie im Urlaub Wert auf ein 4-Sterne-Hotel, sportliche Betätigung und einen nahe gelegenen Strand?"
„Wie Sie bereits erwähnten, wünschen Sie eine Sitzplatzreservierung Mutter-Kindreihe und ein kinderfreundliches Hotel?"
„Wie Sie gerade erwähnten, legen Sie Wert darauf, viel Aktives in Ihrem Urlaub zu unternehmen?"
(Tauchen/Schnorcheln, Wandern und Radfahren)
„Wie Sie bereits erwähnten, wünschen Sie ein 4-Sterne-Hotel auf Griechenland und einen Mietwagen, um das Land näher kennenzulernen?"
„Wie Sie gerade erwähnten, ist Ihnen ein großes Sportangebot sehr wichtig?"
„Wie Sie sagten, legen Sie großen Wert auf Ruhe?"
„Wie Sie vorhin feststellten, ist Ihnen ein umweltbewusstes Hotelmanagement besonders wichtig?"
„Wie Sie erwähnten, soll das Hotel an einem ruhigen, sauberen Strand in der Nähe zu einer kleinen Einkaufspassage liegen?"
Beispiele für **Präzisierungsfragen**:
„Was konkret meinen Sie?"
„Worauf legen Sie den größten Wert?"
„Was interessiert Sie ganz speziell?"
„Was meinen Sie genau mit …?"
„Was verstehen Sie unter …?"

18 Bei der **Suggestivfrage** besteht die Gefahr, dass der Kunde sich „manipuliert fühlt" und den Eindruck bekommt, man würde ihn/sie übervorteilen oder überreden wollen. (Deshalb sollte die Bedarfsermittlung nicht mit Suggestivfragen geführt werden.)

19 Der Kunde findet seine eigenen Aussagen in der **reflektierenden Frage** zusammengefasst wieder.

20 Die **Präzisierungsfrage** hilft dem Kunden, seine Bedürfnisse zu konkretisieren und „auf den Punkt" zu bringen.

21 Die Bedarfsermittlung ist die **zeitintensivste Phase** des Verkaufsgespräches, da eine Vielzahl von Kundenaussagen als Bedürfnisse konkretisiert werden müssen. Je genauer gefragt und die Kundenwünsche herausgefiltert werden, desto effektiver kann im Anschluss ein Angebot zusammengestellt werden. Die für die Bedarfsermittlung aufgewendete Zeit wird dann wieder „wettgemacht".

22 Der Bedarf des Kunden ist der **Schlüssel zum Abschluss**. Je genauer die Bedarfsermittlung ist, desto exakter wird das Angebot dem Kundenwunsch entsprechen. Ein erfolgreicher Abschluss wird somit wahrscheinlicher. Die für die Bedarfsermittlung eingebrachte Zeit rechnet sich im wahrsten Sinne des Wortes am Ende.

23 Schülerspezifische Antworten.
Beispiele für **Fragen zur (systematischen) Bedarfsermittlung**:
Schlüsselfrage: „Wie stellen Sie sich Ihren Urlaub vor?"
Weiterführende Frage: „Wie groß ist Ihr Zeitfenster für Ihren Urlaub?"
Weiterführende Frage: „Was ist Ihnen im Urlaub besonders wichtig?"
Konkretisierungsfrage: „Was konkret verstehen Sie unter strandnah?"
Peripheriefrage: „Sie haben noch nicht erwähnt, wie Sie sich verpflegen möchten?"
Sammelfrage: „Haben wir noch etwas vergessen?"

24 Durch **gezieltes Fragen** helfen Sie dem Kunden, seine Bedürfnisse und Wünsche genau zu formulieren. Nur so kann ein wirklich passendes Angebot erstellt werden.
Wer fragt, führt!

25 **Wer fragt führt**, d. h., mit jeder Frage bestimmen Sie das Thema und lenken so gezielt das Gespräch.

26 Schülerspezifische Lösung.
Lösungshinweis: Für die äußere Form gilt das betriebsübliche Format zu verwenden, häufig A4-Format. Inhaltlich sollte ein **Kundenberatungsbogen** gut gegliedert sein und z. B. die folgenden Merkmale aufweisen: Name, Alter (oder Geburtsdatum), Beruf, Familienstand, Kinder (wenn ja wie viele und in welchem Alter), Hobbys, favorisierte Reiseziele/letzte Urlaubsziele und Buchungen, allgemeine Vorlieben und Abneigungen, Besonderheiten (z. B. Vegetarier, Allergiker), usw.

27 Schülerspezifische Antworten.
Beispiele:
Phase 1 – Aufwärmphase
„Wann soll die Reise sein?", „Wie lange möchten Sie verreisen?", „Mit wie vielen Personen möchten Sie verreisen?"
Phase 2 – Wunschphase (generell)
„Sie haben mir noch nichts über Ihre ... (Hobbys, kulturellen Interessen, gewünschte Verpflegung, Vorstellungen zur Unterhaltung, Preisvorstellung ...) gesagt."
Phase 3 – Wunschphase (speziell)
„Wie stellen Sie sich Ihren Urlaub vor?", „Worauf legen Sie besonderen Wert?", „Was ist Ihnen sonst noch wichtig?"
Phase 4 – Präzisierungsphase
„Was verstehen Sie unter strandnah?", „Was bedeutet für Sie ein schönes Hotel?", „Was darf ich darunter verstehen?"
Phase 5 – Reflektierungsphase
„Ich möchte Ihre Reisewünsche kurz zusammenfassen, damit Sie sehen, ob ich alle Punkte richtig erfasst habe."
Phase 6 – Rückkopplungsphase
„Habe ich etwas übersehen?", „Habe ich etwas nicht genannt?", „Habe ich etwas Wesentliches vergessen?"

28 Schülerspezifische Antwort.
Beispiel: Sollte sich kein Zielgebiet aus der Bedarfsanalyse ergeben, so kann es durch die **„Adlertechnik"** eingekreist/eingegrenzt werden, z. B. mit den Fragen „Festland oder Insel?", „Fernreise oder Europa?".

29 Schülerspezifische Antwort.
Leerformeln dienen dazu während des Verkaufsgespräches eine Atempause zu gewinnen, denn die Darstellung oder Beantwortung der entsprechenden Frage beeinflussen nicht das Angebot. Beispiele:
„Um es ganz deutlich zu sagen ..."
„Man kann es auch so ausdrücken ..."
„Eine Frage bleibt noch ..."

30 Aktives Zuhören heißt auf inhaltlicher und emotionaler Ebene zuhören. Es wird durch Blickkontakt zum Sprechenden, Bestätigen, Nachfragen und Kommentieren (Zusammenfassen) der Aussagen des Gesprächspartners signalisiert. Dies kann z. B. durch Äußerungen und Zwischenfragen, wie „Prima!", „Wie waren Sie mit dem Service im Hotel zufrieden?", „Das freut mich für Sie!", „Sie sagten, die Animation sei nicht nach Ihren Vorstellungen gewesen?" und die dosierte Verwendung von „Zauberworten", wie „bitte", „selbstverständlich" usw. im weiteren Verlauf des Gespräches unterstrichen werden.

31 Aktives Zuhören kann gestört werden durch:
- (Expedient) Konzentrationsschwäche, Magenknurren, Ablenken lassen, Annahme eingehender Telefonanrufe,
- (Kunde) mangelnde Hygiene (Körpergeruch, Mundgeruch), Kundentyp Vielredner, Aggressiver oder Schweiger, Zeitdruck,
- (Umgebung) Raumklima, Störungen durch Dritte, Lärm- oder Geruchsbelästigung.

32 Formulierungen für die **Kontrollfragen:**
„Sie glauben, dass alle Kunden gleich sind?"
„Sie haben Bedenken, dass diese Reise zu teuer ist?"
„Sie sind verärgert, dass die Liegestuhlgebühren an den Stränden von Italien einen stolzen Preis haben?"

33 Schülerspezifische Antworten.
Beispiele für **sprachlichen Dissens** (Verständnisdissens/Interpretationsunterschied):
Expedient: „Ihre 4-Sterne-Anlage ist nur durch eine Straße vom Strand entfernt." Kunde interpretiert:
„Der Strand ist bequem zu erreichen." oder aber: „Das bedeutet Lärm, Verkehr, Gefahr."
Expedient: „Ihre Hotelanlage ist nur 14 km vom Flughafen entfernt." Kunde interpretiert: „Das Hotel ist
schnell mit dem Transfer zu erreichen." oder aber: „Das bedeutet viel Lärm und Unruhe."
Expedient: „Dieses Hotel ist sehr kinderfreundlich." Kunde interpretiert: „Das ist sehr schön." oder aber:
„Das bedeutet viel Unruhe, Lärm, kreischende, nervende Kinder."

S. 243 (Aufgaben zu Kapitel 5)

1 Schülerspezifische Antworten.
Lösungsbeispiele:
(bildhafter) Vergleich: „Ein Strand wie gemalt.", „Lange Strände, tiefblaues Meer, verträumte und ge-
schwungene Buchten."
Metapher: „Die Sonne lacht den ganzen Tag; Thailand, Land des Lächelns."
Adjektiv: „Urlaub mit orientalischem Flair!"
Attribut: „Eine Altstadt, die an Tausend und eine Nacht erinnert …"

2 Schülerspezifische Antworten.
Lösungsbeispiele:
schön = malerisch, idyllisch, stilvoll, makellos, traumhaft, wunderbar
gut = ausgezeichnet, erstklassig, vortrefflich, vorzüglich, bestens, prima, topp
sauber = kristallklar, glasklar, tipptopp, picobello, unverfälscht, lupenrein
ruhig = fernab von allem Trubel, würdevoll, regungslos, windstill, friedlich
familienfreundlich = bequem, wohnlich, gemütlich, salopp, zwanglos, hier werden sich Ihre Kinder
pudelwohl fühlen

3 Schülerspezifische Antwort.
Lösungsbeispiel:
„In dieser gemütlichen Ferienanlage können Sie mit Ihren Kindern einen unvergesslichen Urlaubsspaß
erleben. Animation, Spielplätze, Miniclub, Rutschen, Kinderfestspiele – da wird sich besonders Ihr Sohn
freuen – oder so praktische Dinge wie Babybetten, Hochstühle oder Kinderbetreuung. Sie können Ihre
Kinder hier unbesorgt herumtoben lassen …"

4 Schülerspezifische Antwort.
Formulierungsbeispiele: „malerisch" in einer Bucht gelegen", „fern ab von allem Trubel", „kristallklares
Wasser", „gemütlich ausgestattetes Haus mit Ambiente", „Poollandschaft".

5 Schülerspezifische Antworten und individuelle Beschreibung der eigenen Urlaubsregion.
Beispiele für die gewünschten **Urlaubsbilder:**
Djerba: „Erleben Sie Urlaub mit orientalischem Flair, erstklassigem Service, Hotels in Oasen, lebhafte
Basare und tiefblaues Meer."
Malediven: „Zeit zu zweit – genießen Sie Einsamkeit, feinen Sand unter nackten Füßen, türkisblaues
Meer und Abenteuer mit den Meeresfischen."
Mauritius: „Erleben Sie die weite Ferne, hervorragende Gastfreundschaft, glasklares Meerwasser und
Palmen so weit das Auge reicht."
Kuba: „Die Sonne lacht Sie an! – Exotische Drinks, leises Palmenrauschen, kristallklares Meerwasser,
feiner Sand unter nackten Füßen und Ausflüge zu den einzigartigen selbstgedrehten Zigarren."
Bayern: „Wandern, feiern und genießen!", „Wandern in den bayerischen Voralpen, gemütliche Brotzeit
in lauschigen Biergärten, Kraft tanken in herrlicher Natur."
Mecklenburg-Vorpommern (Mecklenburgische Seenplatte): Das Ziel für Rucksack-Touristen, Was-
sersportler, Badefreudige, Angler und Genießer ist das blaue Herz von Deutschland, Europas größtes,
geschlossenes Seengebiet. Hier ist die Natur zu Hause.
Nordsee: Die Nordsee ist für alle da: Naturliebhabern, Wasserratten, Familien, Aktivurlaubern, *Wellness*-
fans, Gourmets und Kulturliebhabern geben wir ein Zuhause für die schönsten Wochen im Jahr. Die
Nordsee: Strand, Meer und Flair.

6 Schülerspezifische Antworten.
Lösungsbeispiele *Sandwich*-**Methode**:
Pauschalreise – „Die Reise enthält folgende Leistungen: Bahnfahrt 2. Klasse von Worms nach Frankfurt/Flughafen und zurück, Flug nach Burgas, Bustransfer vom Flughafen zu Ihrem 4-Sterne-Hotel und zurück, sechs Hotelübernachtungen mit Ultra-*all-inclusive*, *Shuttle*bus in den nahe gelegenen Ort, Schnorchelpaket, ein erstklassiges *Wellness*angebot und ein spitzen Service sind ebenfalls inklusive. Dies alles kostet für Sie zusammen nur 780,00 €. Sie sehen, diese Reise ist genau die, die Sie sich gewünscht haben."
Städtereise – „Diese Reise enthält folgende Leistungen: Bahnfahrt 1. Klasse von Mainz nach Hamburg, hin und zurück, Transfer vom Bahnhof zu Ihrem 5-Sterne-Hotel und zurück, vier Hotelübernachtungen mit Frühstück, Eintritt in das Musical *Dirty Dancing* für zwei Personen, Pk 1, Hamburg-*Welcome-Card*, Eintritt für ein Museum Ihrer Wahl und einen Städtereiseführer. Dies alles kostet für Sie zusammen nur 530,00 €. Sie sehen also, genau maßgeschneidert für Sie, Herr Fischer."
Kreuzfahrt – „Diese Reise enthält folgende Leistungen: Bahnfahrt 2. Klasse von Neustadt nach Frankfurt/Flughafen, Flug mit Air Berlin nach Mallorca, Transfer zu Ihrem AIDA-Schiff und wieder zurück, drei Übernachtungen in einer Außenkabine mit separatem Schlafraum auf der AIDA-diva mit *all-inclusive*, zehn verschiedene Ausflüge, Kinderbetreuung, *Wellness*- und Sportangebot. Dies alles kostet für Sie, Herr Alvermann, nur 3.986,00 €. Diese Reise ist genau das Richtige für Sie und Ihre Familie."
Gruppenreise – „Diese Reise enthält folgende Leistungen: Bahnfahrt 2. Klasse von Mannheim nach Stuttgart Flughafen und zurück, Flug nach Lissabon, Bustransfer vom Flughafen zu Ihrem 4-Sterne-Hotel, sechs Hotelübernachtungen mit Halbpension, Diskotheken, Sehenswürdigkeiten und Museen, *Wellness*. Das alles kostet für Sie nur 297,00 €. Herr Wöhrle, Sie sehen also, dass diese Reise genau die richtige für Sie ist."

7 Schülerspezifische Antworten.
Lösungsbeispiele der **Preisnennung**:
„Dies alles Herr Fischer, kostet für Sie zusammen nur 590,00 €."
„Diese Reise kostet zusammen nur 2.100,00 €."
„Dies alles kostet für Sie zusammen nur 480,00 €, also nur 60,00 € pro Tag und Person."

8 Schülerspezifische Antworten.
Lösungsbeispiele:
Thema: Abflugzeit, typischer Einwand: zu früh
Antizipieren: „Ihr Flug geht bereits um vier Uhr ab Düsseldorf, dadurch können Sie quasi einen Tag länger am Strand relaxen."
Thema: Fluggesellschaft, typischer Einwand: unbekannt, nicht deutsch
Antizipieren: „Wir wissen, dass die Fluggesellschaft unbekannt ist, aber Sie brauchen nicht beunruhigt zu sein, da es eine Tochtergesellschaft der Lufthansa ist."
Thema: Hotelgröße, typischer Einwand: zu groß
Ja-aber-Methode: „Ja, das Hotel hat viele Zimmer. Aber Sie werden dadurch entschädigt, dass das Hotel zentral liegt und Sie dadurch problemlos und schnell die schöne Altstadt mit Ihren tollen Sehenswürdigkeiten erreichen."
Drei-A-Methode: „Ja, das Haus hat 400 Zimmer. Es ist ein 5-Sterne-Haus mit *all-inclusive* und einem herrlichen gebührenfreien *Wellness*bereich. Es gibt in diesem tollen Haus so viel zu sehen. Außerdem ist für Kinderanimation gesorgt. So können Sie sich und Ihr Partner im *Wellness*bereich entspannen, während Ihre Kinder viel Spaß haben, z. B. im Miniclub haben."
Thema: Verpflegung, typischer Einwand: kein *all-inclusive*
Ja-aber-Methode: „Ja, es ist nur HP. Aber Sie haben hier den Vorteil, auch in der schönen Altstadt die Spezialitäten in Restaurants zu probieren."
Thema: Transfer, typischer Einwand: Transfer vom Flughafen zum Hotel dauert zu lange
Drei-A-Methode: „Ja, der Transfer vom Flughafen zum Hotel dauert zwei Stunden. Doch auf der Fahrt können Sie bereits Land und Leute näher kommen (Auflösen). Und Sie erreichen ihr Hotel inmitten der Bananenplantage (Aufwiegen)."
Thema: Felsstrand, typischer Einwand: zu hart, kein Strandgefühl für die Kinder
Drei-A-Methode: „Ja, es ist ein Felsstrand, bei dem Sie allerdings herrlich die Bucht und die Wellen, die gegen die Felsen schlagen, genießen können (Auflösen). Außerdem haben Ihre Kinder hier die Möglichkeit, in das glasklare Wasser zu springen und ein paar Fische zu sehen, was auch eine Abwechslung sein kann (Aufwiegen)."

Zusatzaufgaben DVD (Kapitel 5)

9 Schülerspezifische Antworten.
Formulierungsbeispiel zur linken Abbildung:
„Einsam und verlassen steht die alte Windmühle, etwas abseits vom Dorf. Majestätisch erhebt sie sich über der Auenlandschaft; ihre Flügel scheinen nach dem Wind zu greifen. Im respektvollen Abstand schützen Bäume ein Haus. Ein verschlafener Fluss schlängelt sich durch sein Bett. Der hellblaue Himmel hält schützend seine Hand über die Landschaft. ..."
Formulierungsbeispiel zur rechten Abbildung:
„Der ‚möblierte Strand' mit den bunten Farbtupfern garantiert einen Logenplatz an der Nordsee. Hier kann man entspannen, sich erholen und die Füße hochlegen, ein Eis schlecken und den lieben Gott einen guten Mann sein lassen. Eine leichte Brise und weißer feiner Sand laden zum Strandbummel ein. Das behagliche ‚Eigenheim auf Zeit' macht Lust auf Urlaub, Sonne, Sand und Meer. ..."

10 Schülerspezifische Antworten.
Lösungsbeispiele **Angebotstrichter und Nutzenbrücken:**
Badeurlaub Ostsee
„Für Ihre Wünsche ist die Ostseeküste wie geschaffen. In Mecklenburg-Vorpommern genießen Sie Urlaub in Ruhe. Das Ostseebad XY garantiert Natur pur. Das Hotel XY bietet Ihnen schon einen Blick auf das Meer beim Frühstücksbüffet. Darüber hinaus verfügt Ihr Zimmer selbstverständlich über einen herrlichen Seeblick. Dieser Familienbetrieb steht für ausgezeichneten Service und kulinarischen Genuss."
Wanderurlaub Schwarzwald
„Wandern im Schwarzwald bietet Ihnen die Möglichkeit, einen günstigen Wanderurlaub mit einem Pauschalangebot für *Wellness* und *Beauty* zu kombinieren. Der Hochschwarzwald bietet den idealen Ausgangspunkt für Ihre Wanderferien. Im Ferienort XY werden geführte Wanderungen, Busausflüge im Dreiländereck, kulturelle und unterhaltsame Abendveranstaltungen angeboten. Das Ferienhotel XY liegt abseits von jedem Verkehrslärm, bietet Behaglichkeit, Schlemmen nach Wunsch und einen entspannenden Panoramablick bis in die Täler. Hier erfüllen sich alle Ihre Wünsche."

11 Schülerspezifische Antworten.
Lösungsbeispiele **Nutzenbrücke:**
„Eine Fernreise bedeutet für Sie, ferne und aufregende Kulturen hautnah zu erleben."
„Eine Kreuzfahrt hat für Sie den Vorteil, während der Nacht neue Ziele anzusteuern, und sich im Schlaf an andere klimatische Verhältnisse zu gewöhnen."
„Eine Städtereise bietet Ihnen die Möglichkeit den Charme der Stadt und das pulsierende Leben individuell zu erleben."
„Im Rahmen einer Gruppenreise lernen Sie neue Menschen kennen, die ihre Interessen teilen."
„Im Rahmen dieser Besichtigung fühlen Sie sich in die Zeit der Klassik zurückversetzt."

12 Schülerspezifische Antworten.
Lösungsbeispiele zur Artikelaufgabe:
a) So könnte eine erarbeitete Tabelle aussehen:

	Kundenberatung am *Counter*	**Kundenberatung im *Callcenter***
Arbeitszeit	gesetzlich und einzelvertraglich geregelt	Schichtdienst, flexibel, Sonntagsarbeit
Kontaktart	elektronisch, telefonisch, persönlich, schriftlich	elektronisch und telefonisch
Kommuni-kations-regeln	gegenüberstehende/sitzende Gesprächspartner, freundlich sein ist oberstes Gebot, Auftreten (Erscheinung und Persönlichkeit) und Gestik und Mimik (Körpersprache) können eingesetzt werden und Einfluss auf den Gesprächsverlauf haben, nonverbale und verbale Gesprächsinhalte sollten dieselben Botschaften transportieren	akustischer, aber gesichtsloser Gesprächspartner, sachlich bleiben, Botschaften müssen über Ausdruck, Wortwahl oder Stimmregulierung transportiert werden, Körpersprache kann von Gesprächsinhalten abweichen
Einwand-behandlung	einer eskalierenden Situation kann sich nicht entzogen werden	Kunden haben eine niedrigere Hemmschwelle, daher nichts persönlich nehmen! Übergabe eines eskalierenden Gesprächs an einen *Supervisor* möglich

b) So könnte eine erarbeitete Tabelle aussehen:

Arbeit	Vorteile	Nachteile
am *Counter*	feste Arbeitszeiten, vielfältige und auch persönliche Kundenkontakte, Persönlichkeit kann eingebracht werden, Arbeiten in Wohlfühlatmosphäre, Austausch mit Kolleginnen/Kollegen	Samstagsarbeit, direkte Konfrontation mit unangenehmen Kunden, Eskalationen kann nicht ausgewichen werden, Anonymität geht verloren
im *Callcenter*	flexible Arbeitszeiten, Erscheinungsbild und Körpersprache haben keinen Einfluss auf den Gesprächsverlauf, Anonymität Problemfälle werden vom Supervisor übernommen	Samstags-, Sonntagsarbeit, u. U. Nachtschicht, Arbeit unter enormem Zeitdruck, komplexer gesichtsloser Gesprächspartner, Agent wird u. U. als Abfalleimer behandelt

S. 247 (Aufgaben zu Kapitel 5)

1 Schülerspezifische Antworten.
Lösungsbeispiele **verbale Kaufsignale**:
– Kunde bestätigt verbal, dass er mit dem Angebot zufrieden ist, z. B. „das passt", „das klingt gut", „das entspricht meinen Vorstellungen", „das habe ich mir vorgestellt",
– Kunde fragt nach erforderlichen Reiseunterlagen,
– Kunde spricht von meiner/unserer Reise,
– Kunde fragt nach Details, z. B. Impfungen, Reisebestimmungen, Anzahlung.

Beispiele **nonverbaler Kaufsignale**:
– Kunde bestätigt das Angebot durch Mimik und Gestik,
– Stimme und Tonfall sowie Körperhaltung,
– Kunde ist ruhig geworden (hat keine Fragen mehr).

2 Schülerspezifische Antworten.
Lösungsbeispiele zur **Abschlussmethode „Empfehlung"**:
„Ich würde mich für das RIU Hotel entscheiden."
„Für Sie ist dieses Hotel super geeignet."
„Für Sie als Golfspieler ist das Hotel einfach ideal."
„Wenn Sie sich für dieses Hotel entscheiden, liegen Sie wirklich richtig!"
„Dieses Hotel ist meiner Meinung nach makellos."
Lösungsbeispiel zur **Abschlussmethode „Ja-Straße"**:
„Dieser Ort/dieses Haus hat einen großen Strand, das wollten sie doch?" „Ja",
„Wünschen Sie auch direkte Strandlage?" „Ja",
„Sollte das Haus auch eine Poollandschaft verfügen?" „Ja",
„Wünschen Sie für Ihre Kinder spezielle Animationsprogramme?" „Ja",
„Sie legen Wert darauf, alle Mahlzeiten im Hotel einzunehmen?" „Ja",
„Dann sollten Sie sich für diesen Club entscheiden!" „Ja, damit bin ich einverstanden.".

3 Schülerspezifische Antworten.
Lösungsbeispiele zu „Bestätigung":
„Soll ich das für Sie einbuchen?"
„Sollen wir das buchen?"
„Ich buche diese Reise dann für Sie ein."
Lösungsbeispiele zu „Alternativmethode":
„Wünschen Sie Meerblick oder Landseite?"
„Mit Halbpension oder *all-inclusive*?"
„Bevorzugen Sie die Zahlung per Lastschrift oder mit Kreditkarte?"

4 Schülerspezifische Antworten.
Lösungsbeispiele:
Die **Reiserücktrittskostenversicherung** erstattet eventuelle Stornokosten für die Reise und zusätzlich das Vermittlungsentgelt des Reisebüros. Nutzenbrücke kann daher sein: „… eine Reisekostenrücktrittsversicherung bedeutet für Sie Urlaubsvorfreude ohne Grenzen …"
Die **Reiseabbruchversicherung** bewahrt vor finanziellen Verlusten, wenn die Reise aus z. B. einem wichtigem Grund vorzeitig beendet werden muss. Nutzenbrücke kann daher sein: „… wenn zu Hause ohne Sie gar nichts mehr geht und Sie Ihren Urlaub abbrechen müssen, springt die Reiseabbruchversicherung ein und Sie bleiben nicht auf den Kosten sitzen."
Die Reisekrankenversicherung übernimmt die anfallenden Kosten für Heilbehandlungen im Ausland, für Krankenrücktransport oder den Versand von notwendigen Medikamenten. Nutzenbrücke kann daher sein: „… die Reisekrankenversicherung garantiert Ihnen, dass Sie ggf. auch während Ihres Urlaubs nicht auf Ihre gewohnte medizinische Versorgung verzichten müssen."
Beispiele für **Nutzenbrücken bei Zusatzleistungen:**
Mietwagen: „Mit Ihrem schicken Urlaubs-Flitzer sind Sie stressfrei und preiswert unterwegs."
Ausflug: „Ein Ausflug nach Luxor und Karnak bietet Ihnen orientalischen Flair und Geschichte pur."
Blaue Reise: „Die Blaue Reise bietet einmalige Landschaften und Küsten sowie eine Kombination von Kultur und Sonne."

5 Schülerspezifische Antworten.
Lösungsbeispiele:
Positive Gesprächsatmosphäre: Streicheleinheiten (gut, schön), Zustimmung, Kundenaussage bekräftigen, Kunden loben.
Kundenappelle: „Nehmen Sie sich Zeit für …", „Das Zauberwort in Ägypten heißt *Ma'lesch* (Geduld, Gleichmütigkeit) …", „Selbst Sissi hat auf Korfu …", „Baden Sie in Kleopatras Badewanne (Nähe Alanya) …"
Entschuldigungen: „Es tut mir leid.", „Ich habe alles versucht …", „Sie haben vollkommen Recht, das darf nicht passieren.", „Ich werde mich unverzüglich darum kümmern."
Schlussformulierungen: „Ich wünsche Ihnen einen angenehmen Urlaub.", „Rufen Sie mich jederzeit an, wenn Sie noch Fragen haben.", „Ich freue mich schon darauf, von Ihren Urlaubserlebnissen zu hören.", „Dann lassen Sie sich mal schön verwöhnen."

Zusatzaufgaben DVD (Aufgaben zu Kapitel 7)

6 Lösungstabelle:

Elemente des Verkaufsgesprächs	Verkaufsphase				
	Kontakt-phase	Bedarfs-analyse	Angebots-phase	Einwand-behandlung	Abschluss-phase
zum Kauf drängen	nie				
Zusatzleistungen anbieten			x		
Angebot unterbreiten			x		
freundliche Begrüßung	x				
Mitbewerber abwerten	nie				
Bedürfnisse ergründen		x			
Reisezeit abfragen		x			
Verkauf abschließen					x
aktives Zuhören		x	x	x	x
Zusatznutzen verdeutlichen			x	x	
Salamitaktik anwenden			x		x
Ja-aber-Methode einsetzen				x	
weitere Terminvereinbarung					x
zusammenfassen		x	x		
Vakanzprüfung		x			
Mietwagen offerieren			x		
Frage nach HP oder VP		x			
Ja-Straße einsetzen					x
Kaffee anbieten	x				

7 Lösungshinweise zum **Drehbuch Verkaufsgespräch:**
a–c)
Phase 1 – Kontaktphase bis *Kunde: Nein danke.* (Möchte nichts trinken.)
Frageform: dominant, offene Fragen
Phase 2 – Bedarfsermittlung, bis *Kunde: Nein, das waren unsere Hauptanliegen.*
Frageformen: dominant offene, geschlossene, reflektierende Fragen, Präzisierungsfrage
Phase 3 – Angebotsphase, bis *Kunde: Ja, hört sich schon verlockend an ...*
Frageform: Entscheidungsfrage
Phase 4 – Umgang mit Kundeneinwänden, bis *Kunde: Das stimmt auch wieder. (Kunden sprechen sich kurz miteinander ab.)*
Einwandbehandlung mittels Drei-A-Methode
Phase 5 – Abschlussphase, bis *Expedient: Auf Wiedersehen!*
Abschlussmethode: Bestätigung
d) Nutzenbrücke 1: Angebot Strandnähe, einkaufen, Tauschule
Nutzenbrücke 2: Angebot *all-inclusive bedeutet für Sie ... alle Getränke inbegriffen, das heißt, ...*
e) Es wurden keine klassischen Urlaubsbilder verwendet.
f) Bestätigung
g) Lösungsbeispiele:
„Ich wünsche Ihnen, dass Sie in Ihrem Urlaub mal so richtig abtauchen können."
„Sie werden sicher unvergessliche Eindrücke und Erlebnisse mit nach Hause bringen."
„Falls Sie noch irgendwelche Fragen haben, wenden Sie sich einfach an mich!"
„Ich wünsche Ihnen einen schönen und erholsamen Urlaub."
„Und denken Sie daran: schenken Sie dem Land und seiner Kultur drei Tage und Sie lernen die Antike hautnah kennen."
h) Der Fünf-Phasen-Ablauf ist gegeben.

S. 252 (Aufgaben zu Kapitel 8)

1 Berichtigung oder Bestätigung der Aussagen:
a) falsche Aussage; **AGB** sind vorformulierte Vertragsinhalte,
b) falsche Aussage; **Veranstalter** muss sie zur Verfügung stellen,
c) falsche Aussage; der **Reisevermittler** darf dies nicht, weil er kein Vertragspartner des Reisenden ist,

2 Der **Reisevertrag** kommt durch die Buchung des Kunden (1. Willenserklärung) und durch die Buchungsannahme des Reiseveranstalters (2. Willenserklärung) zustande.

3 Verpflichtungs- und Erfüllungsgeschäfte:
Geschäftsbesorgungsvertrag: Das Reisebüro als Reisevermittler muss ein Geschäft erfüllen, also dem Reisenden alles organisieren und einbuchen. Der Kunde muss im Gegenzug den Reisepreis bezahlen. Der Reiseveranstalter muss dem Reisebüro die Provision bezahlen (Verpflichtungsgeschäft) und das Reisebüro bucht die Reisen (Erfüllungsgeschäft).
Beherbergungsvertrag: Das Erfüllungsgeschäft liegt bei der Unterkunft und besteht darin, dem Gast oder Kunden eine Unterkunft zu gewähren. Der Gast muss dazu jedoch das Verpflichtungsgeschäft erfüllen und für diese Leistung bezahlen.
Beförderungsvertrag: Das Erfüllungsgeschäft besteht darin, dass der Beförderer, z. B. die Bahn, die Personen ordnungsgemäß zu befördern hat, sofern die Fahrgäste das Verpflichtungsgeschäft erfüllt haben, d. h., bezahlt haben.
Reiseversicherungsvertrag: Das Erfüllungsgeschäft liegt darin, dass die Versicherung bei evtl. Reiserücktritt greifen muss, um etwaige Schäden/Verluste zu ersetzen. Das Verpflichtungsgeschäft liegt bei dem Versicherten und besteht darin, diese Zusatzleistung ordnungsgemäß abzuschließen und zu bezahlen.

4 **Reiseveranstalter** ist derjenige, der mindestens zwei Hauptleistungen, wie z. B. Unterbringung und Verpflegung oder Flug und Unterkunft zu einer Pauschalreise bündelt und zu einem Gesamtpreis verkauft.

5 **Reise- und Zahlungsbedingungen** sind fester Bestandteil eines Reisevertrages, da sich so keine Missverständnisse bilden können und alles auf dem Papier geklärt ist. So kann keiner behaupten, dass diese Bedingungen mündlich anders abgeschlossen wurden.

6 Schülerspezifische Antworten.
Lösungshilfe: Eine detaillierte Antwort ist nur anhand eines konkreten Vertrages möglich. **Rechte und Pflichten aus dem Agenturvertrag** im Hinblick auf den Vertragsgegenstand: Das Reisebüro hat sich dazu entschlossen Reisen eines bestimmten Veranstalters zu verkaufen. Der Reiseveranstalter ist dazu verpflichtet die Reisebüros ordnungsgemäß über die Produkte zu informieren.

7 Dem Reisemittler entstehen aus dem **Geschäftsbesorgungsvertrag mit dem Kunden** die folgenden Verpflichtungen:
  – In den Fällen, in denen ein Reisebüro die Reiseleistung eines Dritten vermittelt, ist das Reisebüro Handelsvertreter im Sinne der §§ 84 ff HGB.
  – In die alleinige Verantwortung des Reisebüros fällt die fehlerhafte Beratung des Kunden bei der Auswahl unter verschiedenen Reiseveranstaltern, Urlaubsländern, Urlaubsorten, über die Qualität der Unterkunft, der Beförderung, des Reisepreises.
  – Ein Reisevermittler ist dem Reisenden gegenüber gem. § 651 k Absatz 3 Satz 4 BGB verpflichtet, den Sicherungsschein auf seine Gültigkeit hin zu überprüfen, wenn er ihn dem Reisenden aushändigt. Reiseveranstalter und Reisevermittler dürfen Zahlungen des Reisenden auf den Reisepreis vor Beendigung der Reise nur fordern oder annehmen, wenn dem Reisenden ein Sicherungsschein übergeben wurde (vgl. § 651 k Absatz 4 Satz 1 BGB).
  – Das Reisebüro ist mitverantwortlich bei der Information, die am Rande der Reiseleistung erbracht wird und auf die der Reisende in Hinblick auf die Sachkunde des Reisebüros vertraut. Dies gilt insbesondere über Pass- und Visa-Vorschriften, medizinische Erfordernisse, Devisenvorschriften, Versicherungen usw.
Zusatzinformation: Von entscheidender Bedeutung ist, dass der Kunde erkennen kann, dass er den Reisevertrag nicht mit dem Reisebüro, sondern mit dem dahinterstehenden Reiseveranstalter schließt. Erbringt das Reisebüro eine Leistung, die keine Reiseveranstaltung ist, gilt allgemeines Vertragsrecht. Ist das Reisebüro auch als Veranstalter tätig, so gelten für diesen Bereich §§ 651 a ff. BGB und die BGB-InfoV.

8 Schülerspezifische Antwort
Es sollte deutlich werden, dass die genannten Paragrafen den Schutz des Verbrauchers gegenüber den AGB regeln.

9 Mindestanforderungen:
1. ausdrücklicher Hinweis auf die AGB
2. AGB müssen leicht erreichbar und gut lesbar sein.
3. Kunde muss den AGB zustimmen.

10 Wird „bei Vertragsschluss" nicht ausdrücklich auf die AGB hingewiesen und werden die Mindestanforderungen nicht erfüllt, kommt der Reisevertrag bindend ohne AGB zustande. Das kann zu verschärfter Haftung für den Reiseveranstalter und zu Regressansprüchen gegen das Reisebüro führen.

S. 257 (Aufgaben zu Kapitel 9)

1 Der Reisemittler ist selbst nicht für den Erfolg und die Wirkung des Reisevertrages verantwortlich, sondern der Veranstalter (siehe § 6 BGB-InfoV/§ 651 BGB).

2 Schülerspezifische Antwort.

Lernfeld 7

Zusatzaufgabe DVD (Aufgabe zu Kapitel 1.3.4)

Preisberechnung mit TUI mit Individuell Preisen

Leistung	Berechnung	Anmerkung	Einzelpreise	Gesamtpreis	Preisteil Seite
Flüge ab FRA mit Thai Airways Abflug 07.Mai mit TG 923 Ab FRA 21:10 an BKK 12:50 + 1	Basis Preis für Paket 907,00 Flughafenzuschlag + 31,00	Basispreis vom Hotel Menam Riverside Transfer zum Hotel inklusive, da Paketpreis Preise gelten für jede mitreisende Person, keine Kinderermäßigung, Klein-kinder zahlen nichts.	3 · 938,00	2.814,00	56 22
Hotel Menam Riverside 3 Nächte, 08.05. – 11.05. in DZX1	TUI Paket Preis 3 N · 44,00 = 132,00 Frühbucher 15%: 0,85 ·132,00 = 112,20 TUI Paket-Preis Kind 3 N · 22,00 = 66,00 Frühbucher 15%: 0,85 · 66,00 = 56,10	„TUI Paket Preis" ist nur mit Langstre-ckenflug buchbar. Frühbucher Ermäßigung 15 % p.P/N	2 · 112,20 + 656,10	280,50	56
Alternativ Hotel Menam Riverside 3 Nächte, 08.05. – 11.05. in SUX1	TUI Paket Preis 3 N · 59,00 = 177,00 Frühbucher 15%: 0,85 · 177,00 = 150,45 TUI Paket-Preis Kind 3 N · 0,00	Frühbucher Ermäßigung 15 % p. P/N	2 · 150,45	300,90	56
Große Thailandrundreise Samstags BKK 20911 Ab BKK 11.5./bis CNX 18.05.	TUI Individuell Preis Reisezeit A Erwachsene 549,00 Kind 285,00	„TUI Individuell" ist ohne Langstrecken-flug buchbar. Rundreise beginnt mit Abendessen im Menam Riverside, deshalb werden die Zimmer wahrscheinlich auch dort ge-bucht sein. Wenn SUX1 gebucht wurde, evtl. downgrade in DZX1. Kind schläft während der Rundreise im Bett der Eltern. Hier kein Zuschlag für Gabelflug, da kein TUI Paket Preis. Rundreise endet im Hotel Empress nach Frühstück.	2 · 549,00 + 285,00	1.383,00	41
Transfer Hotel CNX zum APT	Preis pro Fahrzeug (Minibus)			20,00	29

Fortsetzung nächste Seite

Preisberechnung mit TUI mit Individuell Preisen (Fortsetzung)

Leistung	Berechnung	Anmerkung	Einzelpreise	Gesamtpreis	Preisteil Seite
Anschlussflug 18.5. Chiang Mai – Phuket mit TG morgens ab CNX 08:40 an HKT 10:35 mit TG 721	137,00	Nur in Verbindung mit TG Langstreckenflug.	3 · 137,00	411,00	27
Transfer HKT – Hotel Koh Yao Yai Village HKTXBE17	Hintransfer Erwachsene 25,00 Kind 20,00	Ankunft in HKT nicht später als 14:30 Transfer mit Minibus und Fähre	2 · 25,00 + 20,00	70,00	35
Hotel Koh Yao Yai Village Family Villa BUX2G2 Vom 18.05. – 25.05. Inklusive HP	Individuelle Preise Erwachsene BUX2 7 · 68,00 = 476,00 HP 7 · 20,00 = 140,00 0,95 · 616,00 = 585,20 Kind 5 Jahre BUX2 7 · 17,00 = 119,00 HP 7 · 14,00 = 98,00 0,95 · 217,00 = 206,15	Belegung mit 2 Vollzahlern Frühbucher sparen 5 % p.P./N bis 60 Tage vor Reisebeginn d. h. bis …	2 · 585,20 + 206,15	1.376,55	120
Transfer Hotel Koh Yao Yai Village – HKT HKTXBE20	Rücktransfer Erwachsene 25,00 Kind 20,00	Abflug in HKT nicht früher als 17:00 Transfer mit Minibus und Fähre	2 · 25,00 + 20,00	70,00	35
Anschlussflug HKT BKK 25.05 ab HKT 19:10 an BKK 20:35 mit PG 278			3 · 97,00	291,00	27
Rückflug Frankfurt ab BKK 23:45 an FRA 06:00 + 1					
Alternativ Angebot Transfer HKT – Hotel Outrigger Phi Phi Island Resoert & Spa HKTXBE30	Hintransfer Erwachsene 50,00 Kind 43,00	Minibus + hoteleigener Katamaran	2 · 50,00 + 43,00	143,00	35

Fortsetzung nächste Seite

Preisberechnung mit TUI mit Individuell Preisen (Fortsetzung)

Leistung	Berechnung	Anmerkung	Einzelpreise	Gesamtpreis	Preisteil Seite
Hotel Outrigger Phi Phi Island Resort & Spa BUX vom 18.05. – 25.05. inklusive HP	Individuelle Preise Erwachsene BUX1 6 · 73,00 = 438,00 Verpflegung 7 · 23,00 = 161,00 599,00 Frühbucher 10 %: 0,9 · 599,00: = 539,10 Kind BUX1 6 · 31,00 = 186,00 Verpflegung 7 · 11,50 = 80,50 266,50 Frühbucher 10 %: 0,9 · 266,50 = 233,85	1 Nacht ermäßigt pro gebuchte 4 Nächte Verpflegungszuschlag wird für alle 7 Nächte erhoben 10 % Frühbucherermäßigung bis 60 Tage bis Reisebeginn, d. h. bis Buchung … 50 % Ermäßigung auf Verpflegungszuschlag	2 · 539,10 + 233,85	1.318,05	121
Transfer Hotel Outrigger – HKT HKTXBE33	Rücktransfer Erwachsene 49,00 Kind 43,00		2 · 49,00 + 43,00	141,00	35
Preisberechnung mit Preisen TUI Individuell	Angebot A Hotel Koh Yao Yao Vai Village Basispreis incl. Flüge 2.814,00 Hotel Menam DZX1 280,50 Riverside 3 N oder SUX1 300,90 Rundreise 1.383,00 Transfer HTL – CNX 20,00 Flug CNX – HKT 411,00 Transfer HKT – HTL 70,00 Hotel Koh Yao Yai Village 1.376,55 Transfer Hotel – HKT 70,00 Flug HKT BKK 291,00 **Gesamtpreise** **Deluxe DZX1 6.716,05** **Suite SUX1 6.736,45**	Angebot B Hotel Outrigger Basispreis incl. Flüge 2.814,00 Hotel Menam DZX1 280,50 Riverside 3 N oder SUX1 300,90 Rundreise 1.383,00 Transfer HTL – CNX 20,00 Flug CNX – HKT 411,00 Transfer HKT – HTL 143,00 Hotel Outrigger 1.318,05 Transfer Hotel – HKT 141,00 Flug HKT – BKK 291,00 **Gesamtpreise** **Deluxe DZX1 6.801,55** **Suite SUX1 6.821,95**			

Preisberechnung mit TUI PAKET Preisen

Leistung	Berechnung	Anmerkung	Einzel-preise	Gesamt-preis	Preisteil Seite
Flüge ab FRA mit Thai Airways Abflug 07.Mai mit TG 923 Ab FRA 21:10 an BKK 12:50 + 1	Basis Preis für Paket 907,00 Flughafenzuschlag + 31,00	Basispreis vom Hotel Menam Riverside Transfer zum Hotel inklusive, da Paketpreis Preise gelten für jede mitreisende Person, keine Kinderermäßigung, Kleinkinder zahlen nichts.	3 · 938,00	2.814,00	56 22
Hotel Menam Riverside 3 Nächte, 08.05. – 11.05. in DZX1	TUI Paket Preis 3 N · 44,00 TUI Paket Preis Kind 3 N · 22,00	„TUI Paket Preis" ist nur mit Langstreckenflug buchbar. Frühbucher Ermäßigung 15 % p.P/N	2 · 132,00 + 66,00 0,85 · 330,00	280,50	56
Alternativ Hotel Menam Riverside 3 Nächte, 08.05. – 11.05. in SUX1	TUI Paket Preis 3 N · 59,00 TUI Paket Preis Kind 3 N · 0,00	Frühbucher Ermäßigung 15 % p. P/N	2 · 177,00 = 354,00 0,85 · 354,00	300,90	56
Große Thailandrundreise Samstags BKK 20911 Ab BKK 11.5./bis CNX 18.05.	TUI Paket Preis Reisezeit A Erwachsene 579,00 Kind 315,00	„TUI Individuell" ist ohne Langstreckenflug buchbar. Rundreise beginnt mit Abendessen im Menam Riverside, deshalb werden die Zimmer wahrscheinlich auch dort gebucht sein. Wenn SUX1 gebucht wurde, evtl. bei der Rundreise downgrade in DZX1. Kind schläft während der Rundreise im Bett der Eltern. Rundreise endet im Hotel im Hotel Empress nach Frühstück.	2 · 579,00 + 315,00	1.473,00	41
Transfer Hotel CNX zum APT	Preis pro Fahrzeug (Minibus)			20,00	29
Anschlussflug 18.05. Chiang Mai – Phuket mit TG morgens ab CNX 08:40 an HKT 10:35 mit TG 721	137,00	Nur in Verbindung mit TG Langstreckenflug.	3 · 137,00	411,00	27

Fortsetzung nächste Seite

Preisberechnung mit TUI mit PAKET Preisen (Fortsetzung)

Leistung	Berechnung	Anmerkung	Einzelpreise	Gesamtpreis	Preisteil Seite
Transfer HKT – Hotel Koh Yao Yai Village HKTXBE17	Hintransfer Erwachsene 25,00 Kind 20,00	Ankunft in HKT nicht später als 14:30 Transfer mit Minibus und Fähre	2 · 25,00 + 20,00	70,00	35
Hotel Koh Yao Yai Village Family Villa BUX2G2 Vom 18.05. – 25.05. Inklusive HP	Paketpreis Erwachsene BUX2 7 · 67,00 = 469,00 HP 7 · 20,00 = 140,00 0,95 · 609,00 = 578,55 Paketpreis Kind 5 Jahre BUX2 7 · 17,00 = 119,00 HP 7 · 14,00 = 98,00 0,95 · 217,00 = 206,15	Belegung mit 2 Vollzahlern Frühbucher sparen 5 % p.P./N bis 60 Tage vor Reisebeginn d. h. bis ...	2 · 578,55 + 206,15	1.363,25	120
Transfer Hotel Koh Yao Yai Village – HKT HKTXBE20	Rücktransfer Erwachsene 25,00 Kind 20,00	Abflug in HKT nicht früher als 17:00 Transfer mit Minibus und Fähre	2 · 25,00 + 20,00	70,00	35
Anschlussflug HKT BKK S. 27 25.05 ab HKT 19:10 an BKK 20:35 mit PG 278			3 · 97,00	291,00	27
Rückflug Frankfurt ab BKK 23:45 an FRA 06:00 + 1					
Alternativangebot Transfer HKT – Hotel Outrigger Phi Phi Island Resort & Spa HKTXBE30	Hintransfer Erwachsene 50,00 Kind 43,00	Minibus + hoteleigener Katamaran	2 · 50,00 + 43,00	143,00	35

Fortsetzung nächste Seite

Preisberechnung mit TUI mit PAKET Preisen (Fortsetzung)

Leistung	Berechnung	Anmerkung	Einzelpreise	Gesamtpreis	Preisteil Seite
Hotel Outrigger Phi Phi Island Resort & Spa BUX vom 18.05. – 25.05. inklusive HP	Paketpreise Erwachsene BUX1 6 · 71,00 = 426,00 Verpflegung 7 · 23,00 = 161,00 587,00 Frühbucher 10 %: 0,9 · 587,00 = 528,30 Kind BUX1 6 · 31,00 = 186,00 Verpflegung 7 · 11,50 = 80,50 266,50 Frühbucher 10 %: 0,9 · 266,50 = 233,85	1 Nacht ermäßigt pro gebuchte 4 Nächte Verpflegungszuschlag wird für alle 7 Nächte erhoben 10 % Frühbucherermäßigung bis 60 Tage bis Reisebeginn, d. h. bis Buchung ... 50 % Ermäßigung auf Verpflegungszuschlag	2 · 528,30 + 233,85	1.290,45	121
Transfer Hotel Outrigger – HKT HKTXBE33	Rücktransfer Erwachsene 49,00 Kind 43,00		2 · 49,00 + 43,00	141,00	35
Preisberechnung mit Preisen TUI Paket	Angebot A Hotel Koh Yao Yai Village Basispreis incl. Flüge 2.814,00 Hotel Menam Riverside 3 N DZX1 280,50 oder SUX1 300,90 Rundreise 1.473,00 Transfer HTL – CNX 20,00 Flug CNX – HKT 411,00 Transfer HKT – HTL 70,00 Hotel Koh Yao Yai Village 1.363,25 Transfer Hotel – HKT 70,00 Flug HKT – BKK 291,00 **Gesamtpreise** **Deluxe DZX1 6.792,75** **Suite SUX1 6.813,15** **TUI Paketpreis ist 76,70 EUR teurer als der TUI Individuelle Preis**	Angebot B Hotel Outrigger Basispreis incl. Flüge 2.814,00 Hotel Menam Riverside 3 N DZX1 280,50 oder SUX1 300,90 Rundreise 1.473,00 Transfer HTL – CNX 20,00 Flug CNX – HKT 411,00 Transfer HKT – HTL 143,00 Hotel Outrigger 1.290,45 Transfer Hotel – HKT 141,00 Flug HKT – BKK 291,00 **Gesamtpreise** **Deluxe DZX1 6.863,95** **Suite SUX1 6.884,35** **TUI Paketpreis ist 62,40 EUR teurer als der TUI Individuell Preis**			

S. 273 (Aufgaben zu Kapitel 1)

1 PMI - Palma de Mallorca, IBZ – Ibiza-Stadt, MAH – Mahón (Menorca)

2 Barcelona, Valencia, Denia

3 Ibiza/Formentera

4 Mai bis September

5 Spanisch und Katalanisch (sowie die örtlichen katalanischen Dialekte Mallorquinisch, Ibizenkisch und Menorquinisch

6 Figueretas / Playa de Talamanca / Playa d'en Bossa

7 Puerto de Alcudia / Ca'n Picafort / Cala Millor u.a.

8 Ibiza – Fährschiff – ca. 30-45 Minuten

9 d) Bergwandern

10

Name der Monumente	Beschreibung der Monumente
Talaiot	Steintürme
Navetas	Steinerne Häuser/Grabstätten
Taulas	T-förmige Steinmonumente

11 Mahón – britische Kolonialzeit, Ciutadella – spanisch-maurisch

12 Die 6 km lange natürliche Hafenbucht

13 Die Südküste und z. B. Son Bou und Punta Prima

14 Der Nordwesten mit dem Tramuntana Gebirge, im Inselinneren die zentrale Ebene Es Pla, der Südosten mit einem niedrigen Gebirgszug und einer buchtenreichen Küste

15 Schülerspezifische Antwort
z. B.
– Kathedrale La Seo
– Kathedralenviertel mit seiner mittelalterlicher Architektur
– Königspalast (Almudaina)
– La Llotja (mittelalterliche Börse)
– Miro-Museum
– Mallorca Museum
– Plaza Major
– Banys Arabs (maurische Bäder)

16 Nostalgischer, historischer Zug, der von Palma durch das Gebirge an die Nordwestküste nach Soller fährt

Zusatzaufgaben DVD (Aufgaben zu Kapitel 1)

17

Badeorte	Küste	Badeorte	Küste
El Arenal	Südküste	Port de Soller	Westküste
Cala Millor	Ostküste	Sa Coma	Ostküste
Ca'n Picafort	Nordküste	Port de Pollenca	Nordküste
Cala d'Or	Ostküste	Colonia Sant Jordi	Südküste

oder

Cala Millor – Ostküste, Ca'n Picafort – Nordküste, Cala d'Or – Ostküste, Port de Soller – Westküste, Sa Coma – Ostküste, Port de Pollenca – Nordküste, Colonia Sant Jordi - Südküste

18

Orte/Sehenswürdigkeiten	Beschreibungen
Cuevas del Drach	Eine der größten Tropfsteinhöhlen Europas
Valldemosa	Handwerkerstädtchen, berühmt durch den Aufenthalt von Chopin im 19. Jahrhundert
Llucmayor	Im Südosten gelegen, der Obst- und Gemüsemarkt des Ortes ist ein beliebtes Ausflugsziel
Alcudia	Im Norden gelegen, mit gut erhaltener mittelalterlicher Stadtmauer
Manacor	In diesem Ort werden die berühmten Marjorica-Perlen verkauft
La Calobra	Bucht an der Westküste, nur vom Meer oder über eine abenteuerliche Serpentinenstraße zu erreichen
Kloster Lluc	Wallfahrtsort seit dem Mittelalter, Verehrung der Schwarzen Madonna, inmitten der Berge gelegen
Inca	Zentrum der Lederindustrie
Port d'Andratx	Prominentenort mit exklusiven Hotels
Formentor	Halbinsel, ganz im Nordwesten gelegen

oder

Cuevas del Drach – Valldemosa – Llucmajor – Alcudia – Manacor – La Calobra – Kloster Lluc – Inca – Port d'Andratx - Formentor

19 Bangkok Airways (PG)

20 Chaweng und Lamai

21 Similan und Phi Phi Islands

22 Phang Nga

23 Phuket – Patong

24 „Unser Frühjahr hier in Deutschland ist eine gute Reisezeit für Thailand. Die Regenzeit hat noch nicht begonnen, allerdings können die Temperaturen weit über 30° C steigen".

25 Kunde A: Phuket
Kunde B: Cha Am
Kunde C: Pattaya, Hua Hin
Kunde D: Ko Samui
Kunde E: Ko Samet, Ko Chang, Khao Lak, Ko Lanta
(sind Lösungsbeispiele, evtl. kommen jeweils auch noch andere Orte/Inseln in Frage)

26 Schülerspezifische Antwort
Für die Reisezeit Ostern sind alle thailändischen Badeorte geeignet. Das Frühjahr gilt als Trockenzeit mit den wenigsten Regenfällen zwischen Winter- und Sommermonsun. Die Temperaturen können über 35°C betragen.
Vorschläge z. B.:
Phuket mit den Ausflügen
– Phi Phi Inseln
– Schiffsfahrt in die Phang Nga Bucht mit dem ‚James Bond Felsen'
– Inselrundfahrt (auch mit dem Mietwagen)
– Khao Phra Teao Nationalpark
– Phuket-Town

Koh Samui mit den Ausflügen
- Inselrundfahrt mit Wasserfällen und Affenshow
- Schiffsfahrt nach Koh Tao
- Bade- und Schnorchelausflug auf die Angthong–Inseln
- Inselhauptstadt Nathon zum Shopping

27 Ko Samui: ab Januar/Februar bis September
Ko Chang: November bis April
Ko Phi Phi: November bis April
Pattaya: November bis April
Hua Hin: November bis April
Khao Lak: November bis April

28 Krabi

S. 279 (Aufgaben zu Kapitel 2)

1 Europa   Klassische Griechenlandreise: Athen – Delphi – Olympia - Delos
Mittelamerika   Mexiko die Hochkultur der Mayas und der Azteken
Nordafrika   Ägypten die Pyrmiden von Gizeh, Kairo, Nilkreuzfahrt von Luxor nach Assuan,
                die Tempel von Abu Simbel
Ostasien   Kambodscha, das Land der Khmer, die Tempel von Angkor Wat
Südamerika   Peru – Hochkultur der Inkas (Machu Picchu, Cuzco)

2 Die Veranstalter greifen auf das Schiff für die Strecke Luxor – Assuan zurück. Es bietet ihren Kunden einen maximalen Komfort und ersetzt die fehlende Infrastruktur auf dieser Strecke, dabei geht es weniger um die Überlandstraße als um zusätzliche Leistungen wie Übernachtungsmöglichkeiten, Restaurants und die damit verbundenen Nebenleistungen. Eine durchgängige Schiffsreise von Kairo nach Assuan ist gegenwärtig aus Sicherheitsgründen nicht möglich. Auf dem Nassersee hat das Binnenschiff als stressfreie Alternative zum Besuch von Abu Simbel statt Bus oder Flugzeug ebenfalls seinen Platz gefunden.

3 Statistisch gesehen haben Frauen eine höhere Lebenserwartung und gelten im Alter auch als rüstiger, können sich Strapazen also eher zumuten.
Frauen zeigen ein größeres Interesse an Archäologie und Kunstgeschichte.
Frauen, die allein reisen, fühlen sich in einer Gruppe sicherer.
Die gefühlte Abneigung gegen Gruppenreisen ist geringer.
Frauen können mit den internen Gruppenprozessen besser umgehen.

4 **Mindestteilnehmerzahl:** Für den Veranstalter kann es aus ökonomischen Gründen zweckmäßig sein, eine Untergrenze bei den Buchungszahlen festzulegen, um auszuschließen, dass die Durchführung der Reise wegen der Fixkosten zu einem Verlust führt.
Höchstteilnehmerzahl: Sie ist ein wichtiges Kriterium für den Kunden, um die Qualität einer Studienreise zu beurteilen. Je höher diese Zahl liegt, desto größer ist die Wahrscheinlichkeit, dass die organisatorischen Probleme und die Binnenstruktur der Gruppe die Kräfte des Reiseleiters über Gebühr binden.

5 Schülerspezifische Antworten
Vorteile: Der Reisende ist grundsätzlich frei in der Gestaltung seines Tagesablaufs. Im Museum, in der Ausstellung oder beim Mittagessen kann er solange verweilen, wie es seinen Bedürfnissen entspricht. Niemand bedrängt ihn mit dem Verweis auf die Uhr und das restliche Tagesprogramm. Im Extremfall kann er noch vor Ort den Reiseablauf ändern, Besichtigungspunkte streichen und hinzufügen.
Nachteile: Er verzichtet auf die Kompetenz des Reiseleiters und die Ortskenntnisse des Fahrers bei Busreisen. Er muss seine Reise gut vorbereiten, wenn die Reise ein Erfolg werden soll. Es kann ihm passieren, dass er an bestimmten Highlights achtlos vorbei geht, weil er es nicht weiß, oder sie - trotz GPS - nicht findet. Er wird sich ärgern, wenn er gerade an dem Tag die Akropolis besuchen will, an dem sie geschlossen ist. Die täglichen Organisationsprobleme nehmen für den Individualreisenden einen größeren Stellenwert ein, bis hin zur Frage, wo er eine Übernachtungsmöglichkeit findet, wenn viele Hotels bereits ausgebucht sind.

6 Anreise Flugzeug	Catania (CTA) oder Palermo (PMO) ca. 2,5 Std. aus Deutschland
Anreise Fähre	Fährhafen Palermo von Genua (20 Stunden) oder Livorno
Einwohnerzahl Siziliens	um die 5 Mio.
Feiertage	6. Januar (Heilige Drei Könige), 25. April (Tag der Befreiung), 2. Juni (Tag der Republik), 15. August (Mariä Himmelfahrt), 1. November (Aller-heiligen), 8. Dezember (Mariä Empfängnis), wie in Deutschland wird das Weihnachtsfest am 25. und 26. Dezember gefeiert – außerdem lokale Feiertage
Größe Siziliens	größte Insel des Mittelmeers, ca. 25 500 km²
Grenzübergänge	entfällt
Impfungen	keine
Kleidung	sommerlich, nur im Bereich des Ätnas kann auch im Sommer warme Klei-dung erforderlich sein, Regenschutz für die Monate November bis April
Klima	mediterran, heiße Sommer an der Küste
Reisezeiten	für Rundreisen sind Frühjahr und Herbst am besten geeignet, Sommer Badeurlaub
Religion	römisch-katholisch
Souvenirs	kunstvolle Keramikartikel insbesondere Vasen und Majolicafliesen, wun-derschöne handbemalte Puppen des sizilianischen Marionettentheaters, Südweine (Marsala)
Sprache	italienisch, man versteht deutsch
Strom (Spannung)	220 Volt, Adapter für Schukostecker erforderlich
Telefonieren	Ländervorwahl 00339 plus die Null des jeweiligen Ortes; Handyempfang ok
Trinkgeld	wird genommen, 10 % sind die Regel in Bars und Restaurants, wie in Frankreich lässt man das Tipp beim Weggehen auf dem Tisch liegen
Währung	Euro
Zeitzone	MEZ
Nützliche Links	www.sizilien-rad.de/ www.italien-inseln.de/ ENIT, Italienische Zentrale für Tourismus, Frankfurt

7 Schülerspezifische Antworten, die Länge der jeweiligen Fahrstrecke muss allerdings plausibel sein

Reisetage	**Übernachtung**	**Reiseroute**
1. Tag	Catania	Anreise, Stadtrundfahrt
2. Tag	Catania	Tagesausflüge Taormina und Piazza Armerina **oder** zum Ätna
3. Tag	Syrakus	Besichtigung, Stadtrundfahrt
4. Tag	Agrigent	Fahrt nach Agrigent, Abstecher über Noto das Tal der Tempel im Scheinwerferlicht
5. Tag	Palermo	morgens: Besichtigung Tal der Tempel, Fahrt nach Palermo entweder über Caltanissetta (Landesinnere) oder Castelvetrano
6. Tag	Palermo	Besichtigung der Stadt
7. Tag	Palermo	Ausflüge nach Monreale und Cefalù
8. Tag		Morgens zur freien Verfügung, Heimflug

Die Besichtigungspunkte entnehmen Sie bitte den Seiten 271 ff.

S. 291 (Aufgaben zu Kapitel 3.2)

1. Diese Aufgabe ist anhand von Informationen des auswärtigen Amtes (www.auswaertiges-amt.de) oder des „tim" (travel information manual) zu beantworten. Außerdem können Informationen zum Thema Einreise in die USA auf der Webseite der amerikanischen Botschaft unter http://german.germany. usembassy.gov/faqs/reisen/ abgerufen werden. Wertvolle Informationen sind auch auf der Website von U.S. Customs & Border Protection unter https://help.cbp.gov/app/answers/list abrufbar.
Wichtig können auch sein: Zoll, Reisezahlungsmittel, allgem. Verhalten gegenüber Behörden und im Land, Gesundheitsvorschriften und -empfehlungen.
Einreisebestimmungen USA (Stand 06/2011, gem. Auswärtiges Amt):
Besonderheiten bei der Einreise
Seit dem 1. November 2010 gelten für USA-Flüge neue Regelungen im Rahmen des sog. „Secure Flight"-Programms der US -Transportsicherheitsbehörde, um die Sicherheit auf internationalen und inneramerikanischen Flügen zu erhöhen.

Für die Ausstellung von Flugtickets bzw. Bordkarten ab 1. November 2010 benötigen Fluggesellschaften oder Reiseveranstalter von allen Flugreisenden folgende Angaben: Vollständiger Name (einschließlich aller im Reisepass aufgeführten Vornamen), das Geburtsdatum und das Geschlecht. Fehlen diese Daten, können die US-Behörden die Buchung abweisen und die Ausstellung von Bordkarten untersagen. Die Regelung ist unabhängig vom Zeitpunkt der Buchung. Seit dem 30. September 2004 gelten neue Bestimmungen für die Einreise in die USA. Von jedem Reisenden, d. h. auch von den nicht-visapflichtigen Besuchern, werden am Einreiseflughafen/Seehafen die Fingerabdrücke digital eingescannt und ein digitales Porträtfoto erstellt. Seit dem 5. März 2003 sind die europäischen Fluggesellschaften gesetzlich verpflichtet, den Einreisebehörden der USA Flug- und Reservierungsangaben ihrer Passagiere zur Verfügung zu stellen. Zusätzlich zu diesen Reservierungsdaten wird seit Oktober 2005 bei der Einreise die Adresse (Straßenname und Hausnummer, Stadt, Bundesstaat, Postleitzahl) verlangt, an der sich der Passagier während seiner Reise in die USA aufhalten wird (bei Rundreisen gilt die erste Adresse). Reisenden, die keine Adressenangaben machen, kann die Einreise verweigert werden.

Einreisebestimmungen für deutsche Staatsangehörige
US Visa Waiver Programm

Deutsche Staatsangehörige nehmen am Visa Waiver-Programm der USA teil und können als Touristen, Geschäftsreisende oder zum Transit im Regelfall bis zu einer Dauer von neunzig Tagen ohne Visum in die USA einreisen, wenn sie:
- im Besitz eines zur Teilnahme berechtigenden Reisedokuments (siehe nachfolgende Tabelle) sind,
- mit einer regulären Fluglinie oder Schifffahrtsgesellschaft einreisen,
- ein Rück- oder Weiterflugticket (welches – außer für Personen mit festem Wohnsitz in diesen Ländern – nicht in Kanada, Mexiko oder den Karibikinseln enden darf), gültig für den Zeitraum von max. 90 Tagen ab der ersten Einreise in die USA, vorweisen können und im Besitz einer elektronischen Einreiseerlaubnis sind („Electronic System for Travel Authorization"-ESTA-, siehe unten stehende Erläuterungen).

Personen, die z. B. vorhaben, in den USA zu arbeiten, an einem Austauschprogramm teilnehmen,eine Forschungsarbeit durchführen, in den USA heiraten und dort anschließend wohnen wollen oder nicht mit einem regelmäßig verkehrenden Beförderungsmittel einreisen (z. B. Segler, Piloten; gilt auch für Überseeterritorien) benötigen ein Visum. Das Visum ist bei der zuständigen US-Botschaft bzw. dem zuständigen US-Generalkonsulat zu beantragen.

Reisedokumente/Visum

Jeder Reisende, auch Kinder jeglichen Alters, benötigt ein eigenes Reisedokument. Das Reisedokument muss für die gesamte Aufenthaltsdauer (also bis mindestens einschließlich Tag der Ausreise aus den USA) gültig sein.
Mit folgenden Dokumenten ist die visumfreie Einreise für deutsche Staatsangehörige im Rahmen des US „Visa Waiver" Programms möglich:

Reisedokumente Erwachsene	Visumfreie Einreise möglich / Bedingungen
Reisepass	*Ja*
Vorläufiger Reisepass	*Nein, Visum erforderlich*
Personalausweis	*Nein, für US-Reisen nicht zugelassen*
Vorläufiger Personalausweis	*Nein, für US-Reisen nicht zugelassen*

Reisedokumente Kinder/Jugendliche	
Kinderreisepass	*Ja, wenn Kinderreisepass ein Foto enthält und vor dem 26.10.2006 ausgestellt und seitdem nicht verlängert oder – z. B. durch nachträgliches Einbringen eines Fotos – verändert wurde, ansonsten: Visum erforderlich*
Reisepass	*Ja*
Vorläufiger Reisepass	*Nein, Visum erforderlich*
Personalausweis	*Nein, für US-Reisen nicht zugelassen*
Vorläufiger Personalausweis	*Nein, für US-Reisen nicht zugelassen*

| Bereits vorhandener Eintrag in den Reisepass eines Elternteils (Kindereinträge in Reisepässe der Eltern sind seit dem 1.11.2007 nicht mehr möglich) | *Nein, für US-Reisen nicht zugelassen* |
| Noch gültiger Kinderausweis nach altem Muster (der Kinderausweis wird seit 1. Januar 2006 nicht mehr ausgestellt) | *Nein, Visum erforderlich* |

Electronic System for Travel Authorization (ESTA)

Seit dem 12. Januar 2009 müssen alle Reisenden, die im Rahmen des „Visa Waiver" Programms (VWP) in die USA reisen, vor der beabsichtigten Einreise **zwingend** via Internet unter https://esta.cbp.dhs.gov eine elektronische Einreiseerlaubnis („Electronic System for Travel Authorization"-ESTA-) einholen. Die Beantragung über Dritte (z. B. Reisebüro) ist möglich. Die einmal erteilte Einreiseerlaubnis gilt für beliebig viele Einreisen innerhalb eines Zeitraums von zwei Jahren. Die zuständigen US-Behörden empfehlen, den Antrag gemäß ESTA nach Möglichkeit mindestens 72 Stunden vor Reiseantritt zu stellen. Die ESTA-Beantragung ist **ab dem 8. September 2010 gebührenpflichtig.** Es werden 14 US-$ erhoben, die Bezahlung erfolgt per Kreditkarte (MasterCard, VISA, American Express, Discover) im Internet. Alternativ kann die Bezahlung auch über Dritte (z. B. Reisebüro) erfolgen.

2 Schülerspezifische Antworten; Gestaltung der Counterhilfen anhand von Reiseführern und Veranstalterkatalogen bzw. Informationen aus dem Internet.
Beispiel für eine Counterhilfe **San Francisco**

Lage/Bundesstaat	Westen Kaliforniens an der San Francisco Bay
Klima/Beste Reisezeit	Mediterranes Klima beeinflusst durch den kalten Kalifornienstrom. Kühle und feuchte Winter ohne Frost, warme, aber häufig neblige Sommer, beste und wärmste Reisezeit im September/Oktober.
Zeitzone	UTC −8
Anreisemöglichkeiten	Internationaler Flughafen (SFO) ca. 13 km südlich der Stadt, AMTRAK-Bahnhöfe in Oakland und San José
Entfernung nach L.A.	Ca. 650 km
Entfernung zum Grand Canyon	Ca. 1000 km
Nächster Nationalpark	Yosemite Nationalpark, ca. 300 km
Attraktionsfaktoren	Hügelig, viele Aussichtspunkte, viele Buchten und Brücken. Sehr tolerante und weltoffene Stadt mit schönen viktorianischen Häusern und attraktivem Stadtzentrum. Sehenswürdigkeiten: Golden Gate Bridge – Golden Gate Park – Cable Cars – Fishermans' Wharf – Alcatraz-Insel – Chinatown – Civic Center – Coit Tower – Lobard Street – Twin Peaks – Height Ashbury Viertel – Mission Dolores – Museum of Modern Art – Alamo Square - Downtown mit Union Square und Transamerica Pyramid
Ausflüge in die Umgebung	• Universitätsstadt Berkely • Malerisches Weinanbaugebiet Napa Valley • Schutzgebiet für hohe Redwood-Bäume am Pazifik Muir Woods National Monument • Halbinsel mit Vogelschutzgebiet und Erdbebenlehrpfad Point Reyes National Seashore • Malerischer Fischerort Sausalito
Reisemotive der Besucher	Shopping, Kulturerlebnis, „die" frühere Hippiemetropole erleben, Schauplätze aus Kino und Fernsehen besuchen (Golden Gate, Alcatraz, Lombard Street, Twin Peaks, Alamo Square, etc.)

3 Schülerspezifische Antwort.

Osterferien	Sommerferien
+ keine zu große Hitze in den südlichen Gebieten Kaliforniens sowie in Nevada, Utah und Arizona + Keine überfüllten Attraktionsfaktoren und Campingplätze + Geringes Nebelrisiko an der Westküste um San Francisco + die Fahrt durch den Death Valley Nationalpark ist möglich	+ Das Klima eignet sich außer für hitzeempfindliche Menschen überall zum Wandern und für Outdoor-Erlebnisse + Baden ist in vielen Gebieten an der Küste, den Seen und den Flüssen der Nationalparks möglich + die Straßen im Yosemite N.P. sind geöffnet. + Bei Schulkindern besteht die Möglichkeit, länger unterwegs zu sein bzw. zu Hause eine längere Erholungszeit vom „jet lag" zu haben, bevor der Alltag wieder beginnt.
– die Straßen im Yosemite N.P. könnten noch gesperrt sein (Schnee!) – Besonders nachts kann es im Landesinneren noch sehr kalt werden.	– Der Death Valley N.P. ist für die Durchfahrt mit Wohnmobilen gesperrt (Hitze!) – Besonders tagsüber kann es im Landesinneren sehr heiß werden.
Ggf. Abzuraten von Kings Canyon, Yosemite Hochlagen, Nördliche Seite Grand Canyon	Ggf. Abzuraten von Death Valley, Joshua Tree

4 Schülerspezifische Antwort, Recherche
Beispiel für eine Reiseroute (3wöchig):
Länge: 4 500 km
Ausgangsorte können sein: San Francisco, Los Angeles, Las Vegas. Um einen schöneren Blick auf den Pazifik zu haben und gefahrlos anhalten und an die Küste mit den zahlreichen Ausblicken gehen zu können, empfiehlt sich die Route gegen den Uhrzeigersinn (also von San Francisco aus Richtung Süden).

San Francisco – Abstecher Muir Woods N.M. (25 km) – Pinnacles N.M. über Monterey (240 km) – Los Angeles über Santa Barbara (470 km) – Joshua Tree N.P. (230 km) – Grand Canyon N.P. (580 km) – Monument Valley über Page/Lake Powell (250 km) – Mesa Verde N.P. (190 km) – Arches N.P./Canyonlands N.P. (180 km) – Capitol Reef Na.P. (250 km) – Bryce Canyon N.P. (250 km) – Zion N.P. (110 km) – Las Vegas (280 km) – Death Valley N.P. (220 km) und Devils Postpile (270 km) zum Yosemite N.P. (150 km) ODER Sequoia N.P. (400km) und Kings Canyon N.P. (85 km) zum Yosemite N.P. (280 km) – San Francisco (320 km).

S. 298 (Aufgaben zu Kapitel 3.3)

1 Schülerspezifische Antworten; Gestaltung der Counterhilfen anhand von Reiseführern und Veranstalterkatalogen bzw. Informationen aus dem Internet.
Beispiel für eine Counterhilfe **Kapstadt**

Lage	Südwestlicher Zipfel des afrikanischen Kontinents, nahe des Kaps der guten Hoffnung; bekannt durch sein Wahrzeichen, den Tafelberg
Klima/Beste Reisezeit	Subtropisches Klima mit trockenen Sommern und kühlen, feuchteren Wintern; besten Reisezeit November bis April
Anreisemöglichkeiten	Flughafen CPT oder von Johannesburg aus per Zug, Bus oder Mietwagen
Entfernung nach Johannesburg	Ca. 1 400 km

Attraktionsfaktoren	Großstadt (3.größte Stadt Südafrikas nach Johannesburg und Durban) mit bezaubernder Lage am Atlantischen Ozean und attraktivem Stadtbild durch Tafelberg, Signal Hill, Lion's Head und Devil's Peak, schönes Hinterland,.sehr gute touristische Infrastruktur. *Sehenswürdigkeiten:* Tafelberg (1086m)/Gondel, Festung Castle of Good Hope, Robben Island Gefängnisinsel, Victoria & Alfred Waterfront, Greenmarket Square, Signal Hill, Botanischer Garten Kirstenbosch, Viktorianische Häuser, Long Street/Shopping in Camps Bay, Nobel Square, Two Oceans Aquarium
Ausflüge in die Umgebung	• Fahrt über die Kaphalbinsel: Sandstrände der False Bay, z. B. im Badeort Muizenberg; Besuch des Kap der Guten Hoffnung bzw. der Klippe „Cape Point". • Vogelschutzgebiet West Coast National Park • Winelands mit traditionsreichen Weinstädtchen Stellenbosch, Franschoek, Paarl
Reisemotive der Besucher	Erlebnis verschiedener Kulturen und historischer Schauplätze, Naturerlebnis innerhalb der südlichsten Stadt Afrikas (Tafelberg etc.), Shopping, Aufenthalt in historischen Unterkünften, Besuch spektakulärer Golfplätze und alter Weingüter im Umland.

2   a) Besuch Kapstadts und der Gardenroute ganzjährig möglich, im Sommer wird es durch angenehme Winde nicht unerträglich heiß. Beste Reisezeit Frühjahr und Herbst. Heiß und schwül ist es im Osten des Landes im Januar/Februar, aufgrund der Feuchtigkeit besteht zu dieser Zeit auch das größte Malaria-Risiko. Wenn die Schmidts auch den Krüger Park bzw. Kwazulu-Natal besuchen möchten, sollten diese Monate gemieden werden. Generell gilt also die Empfehlung März bis November zu reisen. Bei großer Vorsicht kann der Krüger Park bzw. der Nordosten des Landes ganz gemieden werden.

b) Schülerspezifische Antwort
Gardenroute von Mossel Bay bis Port Elizabeth (200 km, eigentliche Gardenroute) bzw. von Kapstadt bis Port Elizabeth (600 km). Merkmale sind üppige Vegetation, Gebirge im Hinterland, Schluchten, Strände, Klippen und Steilküsten, schöne Badeorte und wilde Wälder.
Kapstadt – Hermanus (120 km), hier Walbeobachtungen im Winter möglich, schöne Strände und Wandermöglichkeiten an der Küste, Cape Aghulas (südl. Punkt Afrikas). Abstecher zur Kleinen Karoo (130 km) und Swellendam (historisches Städtchen). Swellendam – Mossel Bay (150 km) mit zahlreichen Museen und Andenken an die Seefahrt im 16. Jahrhundert, als die ersten Europäer hierher kamen. George (50 km) hat eine gute touristische Infrastruktur, zahlreiche Sportangebote und liegt nahe wunderschöner Strände und des Wilderness Nationalparks (wasserreicher Tier- und Naturpark). Abstecher nach Oudtshoorn (60 km), der Hauptstadt der Straußenzucht, sowie zu den Cango Caves und zur Cango Wildlife Ranch. Knysna (60km) ist ein Badeort mit traumhaften Stränden und dem Knysna Forest, dem größten Waldgebiet des Landes, in dem schöne Wanderungen unternommen werden können. Plettenberg Bay (40 km) ist ein weiterer Badeort nahe vieler Naturreservate und vor allem dem Tsitsikamma Nationalpark mit artenreicher Tier- und Pflanzenwelt und zahlreichen Schluchten. Richtung Port Elizabeth (100 km) gibt es zahlreiche schöne Sandstrände und Surf-Spots.

c) Schülerspezifische Antwort.

Gruppenreise	Individuelle Reise
Kein eigener Organisationsaufwand, keine Entscheidungsschwierigkeiten; Es ist für alles gesorgt (auch Transfers, Tickets für Besichtigungen, etc.); Reisen in der Gruppe vermittelt ein sichereres Gefühl: Erfahrene Reiseleiter und Fahrer mit benötigten Sprach- und Kulturkenntnissen; Kontaktmöglichkeiten in der Gruppe;	Entscheidungsfreiheit und Individualität bezügl. Zielen, Route und Unterkünften; Flexibilität während der Reise; Ruhe und Zeit für Naturerlebnisse; Möglichkeit der Übernachtung in den typischen kleineren Landgasthöfen; Reise wird garantiert durchgeführt, Gruppenreisen werden manchmal wegen geringer Teilnehmerzahl abgesagt;

d) Schülerspezifische Antwort anhand von Katalogen verschiedener Reiseveranstalter.

S. 306 (Aufgaben zu Kapitel 4)

1 – Im Süden Hurghadas, Hausriff über Stege zu erreichen
– Nördlich von El Quesir, Anlagen z. B. Mövenpick, Radisson Blue
– Soma Bay, Anlagen Robinson Club, Sheraton, Hausriff über Stege zu erreichen
– Hamata / Berenice, Hausriff über Stege zu erreichen
– Sinai: Nuweiba, Dahab

2

Nuweiba:	ruhig und entspannt mit vielen schönen Spots (vorwiegend Landtauchgänge)
Dahab:	aufstrebend, aber anders als andere große Urlaubsorte (Blue Hole, Canyon, vorwiegend Landtauchgänge)
Sharm el Sheikh:	beste Infrastruktur mit jedem Hotelkomfort (Land- und Bootstauchgänge) + Golfplatz
El Gouna:	ruhige Lagunenlandschaft mit komfortablen Hotels (Bootstauchgänge) + Golfplatz
Hurghada:	lebhafter Urlaubsort mit vielen Hotels (Bootstauchgänge)
Makadi Bay:	ruhige Bucht mit guten Hotels (Bootstauchgänge)
Soma Bay:	ruhige Bucht mit guten Hotels (Bootstauchgänge) + Golfplatz
Safaga:	schöne Hotels mit guten Riffen (Bootstauchgänge)
El Quseir:	ruhige Gegend im Süden mit guten Hotels und schönen Tauchplätzen (Land- und/ oder Bootstauchgänge)
Marsa Alam:	ruhige Gegend im Süden mit guten Hotels und schönen Tauchplätzen (Land- und/ oder Bootstauchgänge)
Hamata/Berenice:	sehr ruhige Gegend mit schönen Tauchplätzen (Bootstauchgänge und/oder Hausrifftauchen)

3 Ein akueller Überblick der Tauchreiseveranstalter ist unter www.tauchreiseveranstalter.com zu finden.

4 Schülerspezifische Antworten

5 Schülerspezifische Antworten

6 Schülerspezifische Antworten

S. 313 (Aufgaben zu Kapitel 5)

1 und 2 Schülerspezifische Antwort anhand von Veranstalterkatalogen, Online-Angeboten und ggf. Exkursionen/Telefonaten zu Golfclubs, Spezial-Reisebüros, etc. (siehe auch Informationen auf der DVD). Beim Rollenspiel können die Erkenntnisse aus Lernfeld 4 (Begrüßung, Bedarfsanalyse, richtige Fragetechniken, etc.) aufgefrischt und eingeübt werden.

S. 320 (Aufgaben zu Kapitel 6)

1 Schülerspezifische Antworten

2 Schülerspezifische Antworten
Infos bieten u. a. folgende Seiten
www.saac.de
www.alpenverein.de
www.fis-ski.com (Internationaler Skiverband)

Regeln des deutschen Alpenvereins (DAV) für Skitouren:
1. Verantwortung
Aufstiege und Abfahrten erfolgen auf eigenes Risiko und eigene Verantwortung.
2. Aufstieg
Aufstiege nur am Pistenrand vornehmen (FIS-Regel Nr. 7). Dabei hintereinander, nicht nebeneinander, gehen. Auf den Skibetrieb achten.

3. Gefährliche Pisten-Stellen
Besondere Vorsicht vor Kuppen, in Engpassagen, Steilhängen, bei Vereisung und Queren der Pisten. Keine Querungen in unübersichtlichen Bereichen.

4. Lokale Hinweise
Keinesfalls gesperrte Pisten begehen. Lokale Hinweise und Routenvorgaben beachten.

5. Pistenarbeiten
Größte Vorsicht und Rücksichtnahme bei Pistenarbeiten. Bei Einsatz von Seilwinden sind die Skipisten aus Sicherheitsgründen gesperrt. Es besteht Lebensgefahr!

6. Pistenzustand
Frisch präparierte Skipisten nur in den Randbereichen befahren.

7. Alpine Gefahren
Auf alpine Gefahren, insbesondere Lawinengefahr, achten. Keine Skitouren in Skigebieten durchführen, wenn Lawinensprengungen zu erwarten sind.

8. Vegetation und Zeitpunkt
Skitouren nur bei genügend Schnee unternehmen. Schäden an der Pflanzen- und Bodendecke vermeiden.

9. Tiere
Rücksicht auf Wildtiere nehmen. Bei Dämmerung und Dunkelheit können Tiere empfindlich gestört werden. Hunde nicht auf Skipisten mitnehmen.

10. Parkplatz
Regelungen an den Parkplätzen sowie Parkgebühren sind zu respektieren. Bitte auch umweltfreundlich anreisen!

Sicherheit in den Bergen:
Alpine Not- und Verständigungs Signale:
– Der Hilfesuchende gibt Hör- oder sichtbares Zeichen/Rufen, sechs Mal innerhalb einer Minute (alle 10 Sekunden)
– Signal jeweils nach einer Minute Pause wiederholen
– Antwortzeichen erfolgt drei Mal pro Minute
– Beide Arme V-förmig nach oben bedeutet „JA"
– Beide Arme nach unten „NEIN"

Grundvoraussetzungen für Bergtouren:
– Abends und am nächsten Morgen vor einer Tour: Wetterbericht hören!
– Mitnehmen: Sonnencreme mit LSF >20, Kartenmaterial, Essen für einen Tag, reichlich Flüssigkeit (keine Cola etc.), Bargeld (keine EC-Karten möglich)
– Die Ländesspezifischen Notrufnummern sollte man kennen und gespeichert haben.

3 Schülerspezifische Antworten
Umweltprobleme sind u. a.:

1. Mehr Müll- u. Abwasser
2. Ausbau der Infrastruktur
3. Erhöhtes Verkehrsaufkommen
4. Vegetationsschäden (Waldschlägerungen, Planierungen)
5. Auswirkungen auf die Tierwelt
6. Vegetationsschäden durch Ski u. Boards (Wachs, Stahlkanten)
7. Gletscherskilauf
8. Pistenraupen
9. Schneekanonen

Das Grundsatzprogramm zur umwelt- und sozialverträglichen Entwicklung und zum Schutz des Alpenraumes des deutschen Alpenvereins lässt sich unter www.alpenverein.de nachlesen.
Eine Übersicht über nachhaltige Projekte in Österreich finden Sie unter www.austriatourism.com/scms/media.php/9117/Wintersport%20&%20Umwelt.pdf
Weitere Links:
www.walsertal.at
www.pitztaler-gletscher.at
www.lech-zuers.at

4 Schülerspezifische Antworten

S. 329 (Aufgabe zu Kapitel 7)

1 Schülerspezifische Antworten

S. 340 (Aufgaben zu Kapitel 8)

1 Direktbuchungen über die Internetportale der Online-Reisebüros und -Veranstalter
Angebote der Hotelreservierungszentralen
Reservierung aller Eintrittskarten über elektronische Tickethändler
Möglichkeit der Direktbuchungen bei den Verkehrsträgern wie Bahnen und Fluggesellschaften

2 Die Planung und Durchführung einer Landesgartenschau ist ein langwieriger und kostspieliger Prozess.
Ein Jahr vor ihrem Beginn kann es nur noch darum gehen, die Gestaltung in Feinheiten zu verbessern.
Wie unterstützt die lokale Presse das Großprojekt und welche Versäumnisse werden formuliert?
Wie stehen die Bürger und Bürgerinnen zum Gartenschau?
Ist die Realisierung der Bauprojekte im Zeitplan?
Wie hoch ist der Bekanntheitsgrad der nächstjährigen Gartenschau in Deutschland, im Ausland?
Hat die Stadt ihre geplanten Infrastrukturmaßnahmen zeitnah umsetzen können?
Wo sind Verzögerungen entstanden?
Müssen noch weitere Events geplant werden?

3 **OPEC:** Organisation erdölexportierender Staaten (Organization of the Petroleum Exporting Countries). Dieses internationale Kartell kontrolliert etwa 40 Prozent der weltweiten Erdölproduktion. Durch die Festlegung von Förderquoten für jedes Mitgliedsland soll die globale konjunkturelle Entwicklung über den Ölpreis stabilisiert werden.

IAEO: Die Internationale Atomenergie-Organisation (International Atomic Energy Agency, IAEA) ist eine unabhängige wissenschaftliche Organisation, die der UNO in regelmäßigen Abständen Bericht erstattet. Sie fördert die friedliche Nutzung der Atomenergie und kontrolliert gleichzeitig ihre militärische Nutzung. Die Weitergabe von Atomwaffen soll verhindert werden.

Spanische Hofreitschule: Diese weltberühmte Institution zur Förderung der klassischen Reitkunst wurde von den österreichischen Kaisern gegründet. Die legendären weißen Hengste – Lipizzaner - kamen ursprünglich aus Spanien (Andalusien). Die Vorführungen finden in der Winterreitschule, einem Teil der Hofburg, statt. Da es sich um eine der größten Touristenattraktionen der Stadt handelt, sind Karten auf Monate im voraus zu reservieren.

Eine **Gloriette** (auf einer Erhöhung stehendes Gebäude in einer Gartenanlage) befindet sich im Schlossgarten von Schönbrunn und diente der kaiserlichen Familie sowohl als Aussichtspunkt über den Schlosspark und die Stadt Wien als auch als Speise- und Festsaal.

Heurigenlokale: Es handelt sich um Straußwirtschaften (Gartenlokale), in denen speziell der Heurige – ein junger Wein aus der Umgebung Wiens – ausgeschenkt und gleichzeitig eine deftige Brotzeit angeboten wird.

4 Schülerspezifische Antworten
Kultur: Theater, Oper, Musik, Tanz, Malerei - Wiener Gemütlichkeit und kaiserlicher Glanz, die Prachtstraßen des Wiener Rings, Kaffeehauskultur, die Eleganz der Geschäfte und Boutiquen, Jugendstil

5 Stand 2013

Alternative 1		Alternative 2	
Dortmund Hbf ab	19:48 ICE	Dortmund Hbf ab	18:36 ICE
Hannover Hbf an	21:28	Köln Hbf an	19:46
Hannover Hbf ab	22:27 EN	Köln Hbf ab	20:05 EN
Wien Westbahnhof an	08:56	Wien Westbahnhof an	08:56
EN Euronight, Schlafwagen			

6 Es handelt sich nicht um ein einzelnes Haus, wie der Name suggeriert, sondern um einen Wohnkomplex asymmetrisch angeordneter Gebäudeteile. Die Dächer sind begehbar und mit Büschen und Bäumen bewachsen. Aus ökologischen Prinzipien wurden keine Kunststoffe verwendet, stattdessen Holz, Mauerwerk und Ziegel.

7 Kaiserin Elisabeth 1837 – 1896

Das Sissi Museum befindet sich in der Hofburg direkt neben den Kaiserappartements. Denkmal der Kaiserin im Wiener Volksgarten, Besuch der Augustinerkirche (Ort der Hochzeit mit Franz Joseph), Schönbrunn Westflügel (Sommerresidenz), Ruhestätte auf dem Wiener Kahlenberg

Das Möbel Museum Wien (Hofmobiliendepot) lieferte die Ausstattung für die Sissi-Filmtriologie mit Romy Schneider und bietet den Besuchern heute mit einem eigenen Sis(s)i-Pfad eine Auseinandersetzung mit den Mythen und der Realität aus dem Leben der Kaiserin.

8 Der Kunde muss die Österreichische Galerie des 19. und 20. Jahrhunderts besuchen. Sie befindet sich im Schloss Belvedere.

9 Anreise mit der U1 oder U3 zum Stephansplatz, evtl. eine Teilstrecke mit dem Fiaker (Pferdekutsche), Besichtigung des Stephansdom, Rundgang über die Straßen(Fußgängerzone), Graben (Pestsäule), Kohlmarkt zum Michaelerplatz und zur Alten und Neuen Hofburg mit einen Abstecher zum Heldenplatz und zum Burgarten; die Kaffepause könnte stattfinden im Café Demel am Kornmarkt oder im Café Landtmann am Dr. Karl Lueger-Ring oder im Café Sacher in der Philharmoniker Straße.

10 Zu aller erst ein Wiener Schnitzel mit Kartoffelsalat, nur echt wenn es vom Kalb stammt. Weiter ist zu empfehlen: Geselchtes (geräuchertes Schweinefleisch) und Tafelspitz (gekochtes Rindfleisch); für den Hunger unterwegs am Verkaufsstand ein Paar Frankfurter (in Deutschland heißen sie Wiener) mit Brötchen und Senf – Nachtisch: Palatschinken oder Sachertorte, zum Trinken: Kaffee in den unterschiedlichsten Ausführungen, aber bitte keinen Latte macchiato.

Zusatzaufgaben DVD (Aufgaben zu Kapitel 8)

11 a) Sie ist in aller Regel Buchungsgrundlage und wird bei Vertragsabschluss Bestandteil des Reisevertrages. Der Veranstalter haftet für die zugesicherten Leistungen, weshalb er die Gegebenheiten und Einrichtungen vor Ort wahrheitsgemäß und vollständig beschreiben muss. Dies gilt natürlich auch für die An- und Rückreise.

b) Schülerspezifische Antworten

Grundsätzlich sollten mindestens folgende Informationen in den Ausarbeitungen enthalten sein

Überschrift: Destination

Reisedaten: Termine, Reisedauer

Abfahrtsorte

weitere Reiseziele innerhalb des Programms

Verkehrsmittel – Beschreibung des Reisebusses (Kapazität, Komfortstufe, Ausstattung)

Reiseleitung (Aufgabe des Fahrers oder zusätzlicher Reiseleiter)

informative und werbende Kurzbeschreibung des Reiseziels (Interesse wecken), Fotos

Im Reisepreis enthaltene Leistungen

• Hotelkategorien bei Zwischenübernachtungen und in der Destination

• Verpflegung

• Ausflüge, Besichtigungen

• Preise für Zusatzleistungen

Reiseablauf gegliedert nach Reisetagen und Illustration durch Fotos (Werbeeffekt)

Preise für Einzel- und Doppelzimmer

Hinweise auf Informationsmaterial

Einschränkungen oder Durchführungsgarantie

Hinweis auf die AGB des Veranstalters (Kunde muss bei Buchung bestätigen, dass er von den AGB Kenntnis genommen hat) oder Beifügung der AGB

Informationen über Reiseschutz

Hinweis auf Sicherungsschein

c) Kloster Melk

12 Schülerspezifische Antworten, z. B.

1. Tag	<u>Vormittag:</u> Ankunft in Rom, Transfer in das gebuchte Stadthotel <u>Nachmittag:</u> Besichtigung des Kolosseum und des Forum Romanum, auf dem Rückweg zum Hotel Pause auf der Spanischen Treppe <u>Abend:</u> Abendessen in einer Trattoria, Bummel über die Via Appia Antica mit Straßenmusik und Gauklern
2. Tag	<u>Vormittag:</u> Frühstück im Hotel, Besuch des Vatikan <u>Nachmittag:</u> Nach dem Besuch des Vatican Ausflug nach Ostia <u>Abend:</u> Abendessen in einer Trattoria, Konzert in der Accademia Filarmonica Romana
3. Tag	<u>Vormittag:</u> Frühstück im Hotel, Schaufensterbummel bzw. Shopping (je nach Geldbeutel) auf der Via Condotti, am Sonntag Besuch des Flohmarktes Porta Portese <u>Nachmittag:</u> Transfer zum Flughafen oder Bahnhof, Heimreise

13 In Italien herrscht gemäßigtes subtropisches Übergangsklima. Die Mitte, also auch Rom, und der Süden des Landes sind durch milde, regenreiche Winter und trocken-heiße Sommer gekennzeichnet. Wegen der sommerlichen Hitze empfehlen sich das Frühjahr und der Herbst als beste Reisezeit. Im April ist Niederschlag möglich, die Temperaturen liegen zwischen 8 und 17°C, die mittlere Sonnenscheindauer beträgt 7 Stunden. Im Oktober ist mit mittlerem Niederschlag zu rechnen, bei 10 bis 20°C und 6 Stunden Sonne im Schnitt.

14 Schülerspezifische Antworten, z. B.:
- „Das Rom der Antike"
- „Das Rom der Päpste"
- „Rom und seine Museen"
- „Rom und seine Plätze"

15 Schülerspezifische Antworten.
z. B.:
a) Bahn: Fahrtzeit München- Rom (Stazione Termini) ca.10 Stunden.
b) Auto: Frankfurt- München- Kufstein- Brenner- Bozen- Verona- Bologna- Florenz- Rom
oder
Frankfurt- Basel- Luzern- Gotthard- Chiasso- Como- Mailand- Bologna- Florenz- Rom.
Flugzeug: Die Flugzeit beträgt z. B. ab Frankfurt 1 Std. 45 Minuten.
Fiumicino (FCO) Roms größter Flughafen, auch als Leonardo da Vinci bekannt, wird u. a. von Lufthansa, Alitalia und germanwings bedient und liegt 26 km südwestlich vom Stadtzentrum.
Ciampino (CIA) liegt etwa 15 km südöstlich des Stadtzentrums und wird hauptsächlich von Charter und Low-Cost-Airlines angeflogen, z. B. tuifly, Ryanair, easyjet.

16 Schülerspezifische Antworten.
z. B.:
- „Genießen Sie in einem Straßencafé auf dem Piazza Navona einen Cappuccino und lassen Sie Berninis 4- Ströme-Brunnen, die Kirche S. Agnese und das quirlige Leben um Sie herum auf sich wirken."
- „Wenn Sie das Forum Romanum betreten, fühlen Sie sich auf Schritt und Tritt in das antike Rom versetzt."

S. 346 (Aufgaben zu Kapitel 9)

1 • **Kur:** Hier spielen die folgenden Aspekte eine besondere Rolle: Natürliche Heilmittel des Bodens oder des Klimas, einschlägige Kureinrichtungen, Kurortcharakter, natürliche Heilwasser. Ziel eines Kuraufenthalts ist die Prävention von Erkrankungen, Rehabilitation nach Unfällen und medizinischen Eingriffen oder die Behandlung chronischer Erkrankungen. Kuraufenthalte sind stets an eine bestimmte Aufenthaltsdauer gekoppelt.
  • **Wellness:** genussvoll gesunde Lebensweise.
  • **Medical Wellness:** Medical Wellness bezeichnet die synergetische Kooperation von Medizin und Wellness, die in ihrer Kombination mehr gesundheitliche Wirkung erzielt als jedes der beiden Kompetenzfelder für sich allein.

2 Schülerspezifische Antworten.
  z. B.:
  • Die Deutsche Zentrale für Tourismus (DZT) hat Wellness- und Gesundheitsurlaub zum Marketingschwerpunkt 2011 gemacht. Das bedeutet, dass mit gestiegenem Interesse für diese Urlaubsform zu rechnen ist, was auch gestiegene Buchungszahlen heißen könnte.
  • Von 1999 bis 2006 hat der Umsatz in diesem Bereich um nahezu 40 % zugenommen, die Tendenz scheint ungebrochen. Von diesen Umsatzsteigerungen kann auch Ihr Betrieb profitieren.
  • Zu der typischen Zielgruppe für Wellnessangebote gehören die sog. „Best Agers", also die Gruppe der zahlungskräftigen über 50jährigen, die bereit sind, mehr für eine Reise auszugeben.

3 Schülerspezifische Antworten.
  z. B.:
  • Gesundheitsreisen werden, wenn es sich um Präventionskurse handelt, eventuell von den Krankenkassen bezuschusst. Nachfragen lohnt sich!
  • Wellness steigert das Wohlbefinden, eine gute Gelegenheit also, wieder einmal etwas für sich zu tun.

4 z. B.:

Kneipp-Kuren	Anti-Stress-Training
Nordic Walking	Balneo- und Hydrotherapie
Heilfasten	Fußreflexzonenmassagen
Autogenes Training	Ayurveda
traditionelle chinesische Medizin	Thalasso-Therapien
Akupunktur	Sauna
Massagen	Solarium

5 Schülerspezifische Antworten.
  z. B.:
  • Auto/ Bahn: z. B. von Frankfurt am Main über Kassel, Göttingen, Hamburg nach Schwerin, Rostock, Stralsund, Greifswald, Wolgast, Usedom (Bäderbahn)
  • Flugzeug: Flughafen Rostock- Laage

6 Schülerspezifische Antworten
  z. B.
  • Gut verträgliches Klima, nicht zu heiß und nicht zu kalt
  • Natürliche Wellnessfaktoren: Reizklima, Ostseewasser
  • Gute Infrastruktur durch Kureinrichtungen, Schwimmbäder, organisierte Sportangebote
  • Im Sommer reichhaltiges Kulturangebot

7 Klima: Gemäßigtes Seeklima, d.h. im Sommer wird es nicht zu heiß, im Winter nicht zu kalt, ganzjährige Niederschläge, von Westen nach Osten abnehmend.
  Wellness- Angebote: schülerspezifische Antworten

S. 367 (Aufgaben zu Kapitel 10)

1 – Flussreisen ähneln Städtereisen mit oder ohne Bus, ohne leidigen Hotelwechsel
   – Der Passagier hat immer Land in Sicht
   – Seekrankheit ist ausgeschlossen
   – Konstruktionsbedingt gibt es fast nur Außenkabinen, deren Fenster – trotz Klimaanlage – geöffnet werden können
   – Preisunterschiede in den einzelnen Kabinenkategorien sind geringer
   – wegen der geringeren Schiffsgröße herrscht eine ausgesprochen persönliche Atmosphäre, auch zur Crew, man fühlt sich schnell heimisch
   – Internationales Publikum ist selten, sodass Sprachprobleme kaum auftreten
   – den Gästen wird durch die häufigen Landgänge viel Abwechslung geboten und sie können das besuchte Land besser kennenlernen

2 Kleiner Pool (beheizt/unbeheizt) auf dem Oberdeck, Putting Green, Shuffleboard, Sauna, Spa- und Fitnessbereich mit Whirlpool, Massagekabinen, Bordbibliothek, mehrere Bars und Lounges, Leihräder für Touren mit dem Fahrrad

3 Ein Unternehmen im B2B-Geschäft (Wiederverkäufer) bietet Veranstaltern und selbst veranstaltenden Reisebüros Flussreiseprogramme einschließlich der Nebenleistungen zu Nettopreisen an, die das Produkt unter eigenem Namen vertreiben. Es hat vorher das Schiff oder Teile des Schiffes gechartert.

4 Der wichtigste Grund ist die ungünstige Witterung und der Fahrwind, der die unangenehme Kälte und Nässe noch fühlbarer macht. Das Sonnendeck eignet sich bloß für kurze Zeit zum Verweilen. Im Prinzip können sich die Passagiere nur in ihren Kabinen oder den geschlossenen Räumen des Schiffes aufhalten. Und die wenigen Tagesstunden beeinträchtigen gleichfalls den Genuss der Kreuzfahrt.

5 Vgl. Text und Karte auf S. 350 im Lehrbuch

6 | Deutschland | Berlin |
Österreich	Wien
Slowakei	Bratislava
Ungarn	Budapest
Kroatien	Zagreb
Serbien	Belgrad
Rumänien	Bukarest
Bulgarien	Sofia
Republik Moldau	Chisináu
Ukraine	Kiew

7 Das Schiff fährt zunächst flussabwärts auf der Strecke Wien – Budapest, dreht und fährt wieder flussaufwärts über Wien hinaus bis Linz. Gäste, die mit dem eigenen Pkw angereist sind, benötigen einen Bustransfer zurück nach Wien.

8 Es scheiden aus: die Anreise im eigenen Pkw, die Anreise mit Bus oder Bahn, da zu lang und beschwerlich: wenigstens zwei Übernachtungen bei Fahrt mit dem Bus und mehrmaliges Umsteigen bei Verwendung der Bahn

Zusatzaufgaben DVD (Aufgaben zu Kapitel 10)

9 a) Die Kabinen auf dem Hauptdeck befinden sich unmittelbar über der Wasserlinie. Beim Anlegen an einer senkrechten Uferböschung wird den Passagieren die Sicht versperrt und in der Kabine selbst ist es ziemlich dunkel. Dies gilt nicht für die Kabinen der beiden anderen Decks. Die Hauptdeck-Kabinen achtern (hinterer Teil des Schiffes) sind deshalb noch etwas günstiger, weil die Geräusche des Schiffsdiesel für zusätzlichen Lärm sorgen.
   b) 74,88 bzw. 87,38 Euro
   c) Zusatzkosten für Buchung der Landausflüge, Getränke, Trinkgelder

10 Schwarzes Meer: Die Endstation des Schiffes ist Cernavoda. Die Fahrt zum Schwarzen Meer bzw. zum Hafen Constanza erfolgt per Bus.
Donaudelta: Hier endet die Reise in Tulcea. Die Gäste müssen auf kleinere Schiffe umsteigen, um in das Delta zu gelangen.
In beiden Fällen muss das Kreuzfahrtschiff verlassen werden.

11 a) **Veliko Tarnova** war einmal Hauptstadt Bulgariens. Besichtigungspunkte sind ihre mittelalterlichen Kirchen im griechisch-orthodoxen Stil, die mittelalterlichen Häuser der Altstadt und die imposanten Ruinen der Festung auf dem Zarewez-Hügel mit den Ruinen der Paläste des Zaren und des Patriarchen. Zum Besuchsprogramm gehört ein Abstecher zum berühmten Dorf Arbanasi. Hier interessieren vor allen Dingen die Kaufmanns- und Handwerkerhäuser, die während der türkischen Herrschaft erbaut wurden. Es handelt sich um festungsähnliche Gebäude, umgeben von hohen Mauern und schweren eisenbeschlagenen Toren, aber komfortablen Innenhöfen und großzügigen Wohnräumen.

b) **Bukarest** beeindruckt durch seine architektonische Vielfalt: historische Gebäude, die Plattenbauten des Kommunismus im Gegensatz zum protzigen Zuckerbäckerstil des Diktators Ceausescus und die modernen Bauten aus Stahl und Glas nach dem Zusammenbruch des Regimes. Auf der Stadtrundfahrt sehen die Gäste den gigantischen Palast der Republik, eines der größten Gebäude der Welt, Kirche und Palast des Oberhauptes der rumänisch-orthodoxen Kirche und das berühmte Dorfmuseum, wo Bauernhäuser aus allen Teilen Rumäniens wieder aufgebaut wurden.

12 Die Ausschiffung erfolgt in Oltenita (Bergfahrt). Das Schiff setzt seine Fahrt mit den übrigen Passagieren, die nicht am Ausflug teilnehmen, fort. In Giurgiu übernimmt dann das Schiff die Gäste wieder, die am Ausflug nach Bukarest teilgenommen haben.

13 Serviceniveau
MSC Orchestra = 2,58 (2550 : 987),   Queen Elisabeth = 2,28 (2058 : 900)
Beide Schiffe haben ungefähr die gleiche Größe, aber das Serviceniveau auf der Queen Elisabeth ist höher und näher an dem idealen Wert von 2:1
Komfort
MSC Orchestra = 35,17 (89699 : 2550),   Queen Elisabeth = 44,7 (92000 : 2058)
Auch das Raumangebot auf der Queen Elisabeth ist wesentlich besser und kommt dem optimalen Raumangebot von 50 nahe.

14 Enthalten:
die Unterbringung, volle Verpflegung (manchmal auch spezielle Tischgetränke), die Nutzung der Schiffseinrichtungen und des täglichen Unterhaltungsangebots, Hafentaxen
Nicht enthalten:
Landausflüge, Getränke, Spezialitätenrestaurants, Wellness-Einrichtungen (Spa, Beauty), ärztliche Behandlungen, Trinkgelder

15 Vgl. DVD → Zusatzinformationen zu LF 7, Kapitel 10 „Verkauf von Kreuzfahrten"

16 a) mehr Tageslicht durch große Fensterfront, auf dem Balkon ruhiges Plätzchen mit frischer Luft, Frischluft für die Kabine (sonst nur Klimaanlage), mehr Unabhängigkeit für Raucher (von den Raucherzonen)
b) Tageslicht in der Kabine durch das Panoramafenster, Blick auf die vorbeiziehende Landschaft bzw. das Meer ist möglich

17 (Je nach Schiff):
– Spiele an Deck oder am Pool
– Sportmöglichkeiten, wie z. B. Joggen, Gym, Klettern, Golf, Minigolf, Basketball
– Seminare, Lesungen, Quizveranstaltungen, Kunstauktionen und Kurse
– Kino, Bibliothek, Spieleraum
– Wellnessbehandlungen
– Abends Showprogramm, Diskothek, in den Bars treten Künstler auf, Poolparty

18 Es liegt ruhiger bei starkem Seegang. Generell weniger Schiffsbewegung auch bei ruhiger See
– großer Deckbereich mit größerem Angebot (z. B. Pools, Sportstätten)
– großes Angebot an öffentlichen Räumen (z. B. Bars, Restaurants, Salons)

– größeres und dadurch abwechslungsreicheres Unterhaltungsangebot
– bietet mehr Anonymität (falls erwünscht)
– große neue Schiffe haben viele preiswerte Balkonkabinen

19 a) Pireus-Kusadasi: 14,95 Knoten (360 km : 13 h : 1,852)
   Kusadasi-Chania: 16,4 Knoten (410 km : 13,5 h : 1.852)
   b) 21,3 Knoten = 39,4476 km/h x 38 h = 1499 km

20 Juni: Landschaft noch grün, Pflanzen teilweise noch in der Blüte, Bademöglichkeiten mit Wassertemperaturen um die Anfang 20°C, evtl. kühler Nordwind (Etesien), insbesondere auf dem Meer und den Inseln in der Ägäis, Tagestemperaturen um die 25 °C plus, Regenwahrscheinlichkeit gering
Oktober: Landschaft ausgetrocknet mit einheitlichen gelblichen Farbtönen, gute Bademöglichkeiten mit Wassertemperaturen um die 25°C und Tagestemperaturen von noch über 25°C, ab Mitte Oktober oft Wetterwechsel mit erstem Regen und Temperaturrückgang auf unter 25 °C

21 a) + c) Kykladen, b) + d) Dodekanes

22 a) Es werden drei Länder besucht.
   b) Von Pireus nach Athen mit der Metro, Dauer ca. 30 Minuten, Sehenswürdigkeiten Akropolis siehe Kapitel 10.4, anschließend in das Stadtviertel Plaka
   c) Delphi, Korinth, Kap Sounion, Erläuterung siehe Kapitel
   d) Z. B. Knossos, Kloster Arkadi, Lassithi Hochebene, Agios Nikolaos, Rethymnon
   e) Offene Frage, siehe Kapitel 10.4, außer Alexandria: Tagesausflug nach Kairo und zu den Pyramiden von Gizeh oder Stadtrundfahrt Alexandria

23 a) Mykonos
   b) Rhodos
   c) Delphi

24 a) Lassithi Hochebene
   b) Delos
   c) Mykene
   d) Petaloudes

25 a) Kusadasi, evtl. auch Izmir und Marmaris
   b) Nauplia
   c) Diliki und Izmir
   d) Marmaris
   e) Rhodos
   f) Kusadasi, evt. auch Bodrum

S. 371 (Aufgaben zu Kapitel 11)

1 Ein selbst in den Wintermonaten angenehmes Klima, schöne Sandstrände, ausgezeichnete Hotels und Clubanlagen sowie eine Fülle von Sehenswürdigkeiten – von Ruinenstädten, antiken Theatern bis hin zu großartigen Kreuzfahrerfestungen – gibt es zu bewundern. Geprägt durch liebliche Buchten, glasklares, türkisblaues Wasser. Als Kulisse dient die teils idyllische und pinienbewachsene, teils schroffe Berglandschaft des Taurusgebirges bis über 3000 m Höhe.

2 Schülerspezifische Antworten
z. B.:
Das antike **Olympos** liegt am Fuße des Tahtah-Berges inmitten eines Nationalparks. Das Tal ist dicht bewachsen mit Oleander- und Lorbeerbüschen und bietet Antikes aus der Zeit der Römer und Griechen.
Finike, der Hafen von Olympos ist umgeben von Zitrusbäumen und Gärten.
Phaselis ist eine antike Stadt in Lykien, die rund 50 km südwestlich von Antalya unmittelbar an der Küste liegt. Erhalten sind die Prachtstraße mit dem Hadrianstor, Agoren, das Theater, Thermen, Hafenmauern, ein Aquädukt und byzantinische Ruinen.

In **Demre (Kale)**, dem alten **Myra**, 25 km westlich von Finike sind prächtige lykische Felsengräber oberhalb des antiken Theaters zu finden. Im 4. Jahrhundert war St. Nikolaus (der Schutzheilige von Amsterdam) Bischof in dieser Stadt, wo er auch starb.

3   Auf dieser komfortablen Reise auf einem Segelschiff mit Crew werden die schönsten Küstenabschnitte der Türkischen Riviera und der Lykischen Küste angefahren. Bei der 3 – 7tägigen Reise mit 10 – 24 Personen ist Vollpension mit typisch türkischer Küche eingeschlossen.

4   Belek

5   AYT

6   **Side:** Am Eingang des Ortes stößt man auf das **antike Theater** aus römischer Zeit. Später wurden hier christliche Gottesdienste abgehalten. Das Theater bildet einen Teil der mächtigen inneren **Stadtmauer** aus dem 4. Jh. v. Chr. Durch das **Hadrianstor** gelangt der Besucher zu den Resten eines **Dionysostempels**. Die Gebäudereste, die sich kreisförmig um die **Agora aus dem 2. Jh. v. Chr.** mit **Säulengang und Geschäften** gruppieren, gewähren einen guten Eindruck in das antike Leben wieder. Die gegenüber liegenden **römischen Bäder** wurden in ein Museum umgestaltet. Hier findet man die schönsten römischen Statuen ganz Kleinasiens. Am Hafen befindet sich der **Apollon- und Athenatempel**.
Anamur: Die mittelalterliche Festung ist gut erhalten. Sie liegt zwischen zwei Sandstränden und gewährt einen großartigen Ausblick über den ganzen Küstenstreifen.
Alanya: Oberhalb der Stadt liegt ein vorspringender Felsen, der von einer beeindruckenden **Seldschukenfestung** gekrönt wird. Diese Zitadelle aus dem 13. Jh. mit ihrem doppelten Mauerring hat 150 Türme. Darin findet sich eine Moschee, eine byzantinische Kirche, ein gedeckter Basar, eine Karawanserei sowie Zisternen. Der **Rote Turm** (oder Kizil Kule), das Wahrzeichen der Stadt, bildet die Verbindung der Nord- und Ostmauern und ist dem Vorbild von Kreuzritterburgen nachempfunden. Der achteckige Turm ist 46 m hoch und 12 m breit. Die **Schiffswerft** aus dem 13. Jahrhundert gibt Aufschluss, wie die Seldschuken ihre Kriegsschiffe erbauten.

Lernfeld 8

S. 377 (Aufgaben zu Kapitel 2)

1 Der Mitarbeiter/die Mitarbeiterin darf ein eigenes Kfz erst dann für eine Dienstreise verwenden, wenn dies von der Geschäftsleitung besonders genehmigt wurde. In diesem Fall hat er/sie Anspruch auf ein Kilometergeld und auf eine Absicherung im Falle eines Unfalles (Kfz-Haftpflicht- und Vollkaskoversicherung), ohne seine eigene Versicherung belasten zu müssen. Für Dienstreisen mit einem Mietwagen gilt diese Regelung entsprechend, allerdings ohne Kilometergeld. In diesem Fall dürfen beim Mietwagen-Verleiher keine Zusatzversicherungen abgeschlossen werden.

2 Jeder Arbeitnehmer ist entweder Mitglied in einer gesetzlichen Krankenversicherung oder privat versichert. Bei einer Erkrankung während einer Dienstreise ist er somit gegen alle Schäden abgesichert.

3 Grundsätzlich nein, es sei denn in den Reiserichtlinien wäre etwas anderes geregelt.

4 z. B.: Dienstreiseantrag → Genehmigung → Buchung → Reisekostenabrechnung
oder
z. B.: BCD Travel gliedert den Geschäftsreiseprozess in fünf Teile
Prozesskostenanalyse (Ersparnispotenziale aufdecken)
Strategischer Einkauf (Flüge, Hotels, Mietwagen, Bahn)
Reiseplanung und –buchung
Reisekostenabrechnung (Pauschalen, Belege, Kreditkarten)
Reisekostencontrolling (Auswertung, Statistiken)

5 Das TAF-Modell

6 **Reisebüro:** bei höherem Arbeitsaufwand für das Unternehmen oder bei Kostensteigerungen z. B. Personalkosten, Miete) ist das Reisebüro an die vereinbarte Vergütung gebunden.
Unternehmen:
die Zuordnung zu den Kostenstellen im Unternehmen ist schwieriger und falls die Reisetätigkeit abnimmt (z. B. Konjunkturkrise) muss versucht werden mit dem Reisebüro andere Vertragsbedingungen auszuhandeln.

Zusatzaufgaben DVD (Aufgaben zu Kapitel 3.1.2)

1 a) Star Alliance wegen Air Canada   c) Oneworld wegen Iberia
   b) Star Alliance wegen South Africa   d) Oneworld wegen Qantas

2 STAR ALLIANCE

ADRIA (JP) – Slowenien	LOT Polish Airlines (LO)
AEGEAN (A3) – Griechenland	Lufthansa (LH)
AIR CANADA (AC)	SAS Scandinavian Airlines (SK)
AIR CHINA (CA) – China	Shenzhen Airlines (ZH)
AIR NEW ZEALAND (NZ)	SINGAPORE AIRLINES (SQ)
ANA (NH) – Japan	SOUTH AFRICAN AIRWAYS (SA)
ASIANA AIRLINES (OZ) – Südkorea	SWISS (LX)
Austrian (OS)	TAM (JJ) - Brasilien
Avianca / TACA (AV/TA) – Kolumbien	TAP PORTUGAL (TP)
brussels airlines (SN)	THAI (TG)
Copa Airlines (CM) – Panama	TURKISH AIRLINES (TK)
CROATIA AIRLINES (OU)	UNITED (UA)
EGYPTAIR (MS)	US AIRWAYS (US)
Ethiopian (ET)	

Oneworld	SKYTEAM
airberlin (AB)	AEROFLOT (SU)
American Airlines (AA)	Aerolineas Argentinas (AR)
BRITISH AIRWAYS (BA)	AEROMEXICO (AM)
CATHAY PACIFIC (CX) – Hongkong	AirEuropa (UX) – Spanien
FINNAIR (AY)	AIRFRANCE (AF)
IBERIA (IB)	Alitalia (AZ)
JAPAN AIRLINES (JL)	CHINA AIRLINES (CI) – Taiwan
LAN (LA) – Chile	CHINA EASTERN (MU) – China
Malaysia Airlines (MH)	CHINA SOUTHERN (CZ) – China
QANTAS (QF) – Australien	CZECH AIRLINES (OK)
ROYAL JORDANIAN (RJ)	DELTA (DL)
S7 AIRLINES (S7) – Russland	Kenya Airways (KQ)
	KLM (KL)
	KOREAN AIR (KE)
	MEA (ME) – Libanon
	SAUDIA (SV)
	TAROM (RO) – Rumänien
	Vietnam Airlines (VN)
	Xiamen Airlines (MF)

Zusatzaufgaben DVD (Aufgaben zu Kapitel 3.1.6 bis 3.1.11)

1 a) Die Laufnummer 22 mit dem Tarif WLRCDEW für 574,00 Euro.
   Die Tarife mit der Laufnummer 23 – 26 kommen wegen der Vorausbuchungsfrist nicht in Frage.
   b) Buchungsklasse W

2 Die Laufnummer 11 mit dem Tarif DFFDEW. Die beiden günstigeren Businessclass-Tarife mit der Laufnummer 14 und 15 (Buchungsklasse Z und P) kommen nicht in Frage wegen der Vorausbuchungsfrist.

3 c) und e) wegen der Vorausbuchungsfrist

4 Laufnummer 4 mit LH 402 und Laufnummer 5 mit LH 404 sind noch mindestens 9 Plätze in Buchungsklasse K verfügbar.

5 a) Falsch, Laufnummer 1 und 4 sind noch Plätze frei
   b) Falsch, Laufnummer 5 sind in Buchungsklasse V noch mindestens 9 Plätze frei
   c) Richtig
   d) Richtig
   e) Falsch, nur C hat 9, D,I,J,Z sind auf Warteliste, P wird gar nicht aufgeführt
   f) Falsch, TG 7663 wird von LH durchgeführt.
   g) Falsch, Laufnummer 1+2 ist der gleiche Flug
   h) Richtig
   i) Falsch, 45 Minuten

6 a) Laufnummer 4
   b) 01.55 Std.
   c) Berlin-Tegel (TXL) – München (MUC) – San Francisco) (SFO)

d) United Airlines
e) R4 noch genau 4 freie Plätze in Buchungsklasse R
   HC die Buchungsklasse H ist geschlossen, es gibt keine freien Plätze mehr
   XL für Buchungsklasse X gibt es nur noch Plätze auf Warteliste
f) A 320 und A 340-600

7 b) 18.07.2012 – der letzte Flugcoupon ist die Strecke BOG-FRA. Gefragt ist also, wann kann er frühestens zurückfliegen (Mindestaufenthalt): 10 Tage nach Hinreise über Atlantik, also 10 Tage nach dem 8. Juli

8 Abflug 4. Juli ist High Season (H 01 JUL – 30 SEP)
Das Datum der Hinreise über den Atlantik bestimmt den anwendbaren Tarif für die gesamte Reise.

Ergibt:
MHEE3M   1.337,00 EUR (der 2. Buchstabe steht für H = High Season)

1 ERW	1.337,00
1 ERW	1.337,00
1 Kind 67 %	896,00 Flugpreise werden immer auf volle Euro aufgerundet
3 · 35,00	105,00 MAD, CCS + PAR ist ein Stopover zuviel, kostet 35,00 €
	3.675,00

9 Hinflug (outbound) LH 182
Rückflug (inbound) LH 189

DA.DAY/TIME
OUTBOUND –
  PERMITTED 1000AM TO 330PM MON/TUE/WED/THU/FRI OR 745PM
  TO 1159PM MON/TUE/WED/THU/FRI OR 500AM TO 500PM SUN
  OR – PERMITTED 500AM TO 1159PM SAT.

INBOUND –
  PERMITTED 1000AM TO 330PM MON/TUE/WED/THU/FRI OR 745PM
  TO 1159PM MON/TUE/WED/THU/FRI OR 500AM TO 500PM SUN
  OR – PERMITTED 500AM TO 1159PM SAT.

10 ½ LKOMBI =   62,50
   ½ KKOMBI =   115,00
                177,50
Begründung:
CO.COMBINABILITY
FOR KOMBI1 TYPE FARES
ROUND TRIPS
  FARES MAY BE COMBINED ON A HALF ROUND TRIP BASIS
  – TO FORM ROUND TRIPS.   PROVIDED –
  COMBINATIONS ARE WITH ANY – KOMBI1 TYPE FARES

QBASIC kommt nicht in Frage wg. Sunday-Rule

11 4 · 122,35 = 489,40 €

12 a) YK3DOF/1A
   b) Kreditkarte (Visa)
   c) 5. Juli 2012
   d) Frankfurt – Capetown – Frankfurt
   e) 1 Gepäckstück a 23 kg
   f) MKXRCRDE
   g) Im Feld ST (Status) steht OK
   h) 70,00 + 17,99 + 38,40 = 126,39 Euro
   i) Im Feld Endorsements steht, dass es für Umbuchungen Einschränkungen gibt sowie an den Eintragungen in den Spalten nvb und nva (soll heißen: gilt nur an diesen Flugtagen, wenn er an einem anderen Tag fliegen will, kostet es Geld).

13 Lösung a)

14 Lösung d)

15 Lösung
2. = INV
7. = SYD QF VLI 292.77 QF SYD 292.77 NUC 585.54
9. = VALID QF ONLY
8. = 2P
4. = YMFQ7W/1A
1. = IT1QF3KLDE10

16 Lösung c)

17 a) Übergepäck Fahrrad
b) Sunshine Miami Tour
c) Stornogebühr

18 Air France

19 Lösung c)

20 Lösung c)

21 a) TC 2   e) TC 3
b) TC 2   f) TC 3
c) TC 3   g) TC 3
d) TC 1

22 Lösung e)

23 Lösung a)

24 1: Transfer   4: Transfer
2: Stopover   5: Stopover
3: Transfer

25 Nein, ein 3-tägiger Aufenthalt in München wäre ein Stopover in Area 2

S. 421 (Aufgaben zu Kapitel 3)

1 Montrealer Übereinkommen

2 1131 Sonderziehungsrechte (SDR) gemäß dem Montrealer Übereinkommen. Kurs am 03. Juni: 1 SDR = 1,10723 EUR

3 a) Bei Annullierung eines Fluges besteht kein Anspruch auf die Entschädigungszahlungen, wenn die Annullierung 14 Tage vorher bekannt gegeben wird und gleichzeitig ein Angebot zu einer zumutbaren anderweitigen Beförderung erfolgt.
f) Ein technischer Defekt ist keine höhere Gewalt (nach der EU-Verordnung sind das außergewöhnliche Umstände, die für die Fluggesellschaft nicht vorhersehbar und auch mit zumutbaren Mitteln nicht zu beherrschen waren).

4 Z. B.:
– Höhere Gewalt: (z. B. Nebel, Schnee, Vulkanasche, Fluglotsenstreik, aber in der Regel nicht ein Streik der eigenen Piloten)
– Der Reisende erscheint zu spät am Check-in (gilt im Prinzip auch für Anschlussflüge) oder hat keine bestätigte Buchung
– Weniger als 3 Stunden Verspätung (der geplanten Ankunftszeit am Zielort)
– Wenn eine Annullierung 14 Tage oder weniger bekannt gegeben wird

5 Verbesserung der Marktposition durch z. B. größeres Streckennetz (codeshare-Flüge), verbesserte Kundenbindungsmöglichkeiten (Meilen sammeln bei allen Partnern, Nutzung von Lounges der Partner), Kostenvorteile durch z. B. Nutzung gemeinsamer Flughafeneinrichtungen und Stadtbüros, Ertragsvorteile durch bessere Auslastung der Flugzeuge

6 Der generelle Vorteil für alle Kunden ist, dass sie über mehr Flugverbindungen verfügen, die sie mit einem Flugschein antreten können. Der Nachteil hierbei ist allerdings, dass mehr Umsteigeverbindungen angeboten werden und Teilstrecken mit Fluggesellschaftne geflogen werden, die nicht unbedingt dem Kundenwunsch entsprechen.
Die Teilnehmer an Vielfliegerprogrammen verfügen über ein größeres Angebot an Flugverbindungen (in der Regel die aller Partner-Airlines), bei denen sie Meilen/Punkte sammeln oder einlösen sowie ihren Status erhöhen können. Gegebenenfalls haben sie auch eine größere Auswahl an Lounges.

7 Nein, Codeshare-Verbindungen werden auch zwischen Fluggesellschaften abgeschlossen, die nicht in einer gemeinsamen Allianz sind.

8 Interline-Abkommen sind Vereinbarungen zwischen Luftverkehrsgesellschaften, die von ihnen ausgestellten Flugscheine gegenseitig zu akzeptieren.
Beispiel:
Lufthansa verkauft einen Flugschein in der Business-Class für die Strecke FRA LH MAD IB SCL LA RIO LH FRA
In diesem Fall erhält Lufthansa den vollen Flugpreis für den Roundtrip FRA – SCL. Die Abrechnung mit den anderen Fluggesellschaften, die am Interlining teilnehmen (Iberia – IB und Lan Chile – LA), für ihren Streckenanteil erfolgt über das IATA Clearing House.
Bei Codeshare-Vereinbarungen geht es jeweils um einen bestimmten Flug, der von einer Fluggesellschaft durchgeführt und verkauft wird und von einer oder mehreren anderen Fluggesellschaften ebenfalls mit einer eigenen Flugnummer verkauft wird. Die Abrechnung erfolgt zwischen den Vertragspartnern.

9 a) LH-Lufthansa, EK-Emirates, TG-Thai Airways, MH-Malaysian Airlines
b) Interline-Abkommen

10 Service- bzw. Beförderungsklassen unterscheiden sich hinsichtlich der Service- und Komfortleistungen am Flughafen sowie während des Fluges (First-, Business, Economy-Class).
Mit Buchungsklassen sind verschiedene Tarife innerhalb einer Beförderungsklasse verbunden, die sich hinsichtlich der Tarifbedingungen (z. B. Saisongültigkeit, Umbuchbarkeit, Storno) unterscheiden.

11 Sie sind eine wichtige Möglichkeit, während der Wartezeiten in angenehmer und entspannter Atmosphäre geschäftliche Dinge zu erledigen. Persönlich gelten Lounges als Statussymbol und motivationssteigernd.

12 Vorteile Business- gegenüber Economy-Class, u. a.
Am Boden:
Eigener Check-In Schalter
Höheres Freigepäck
Loungezugang
Kürzere Annahmeschlusszeiten
Bevorzugtes Boarding
Schnellere Gepäckauslieferung
Höhere Anzahl gutgeschriebener Meilen
In der Kabine:
Individuellerer Service
Größere und bequemere Sitze
Größere Auswahl an Getränken, Essen, Unterhaltungsprogrammen
Ausstattungsutensilien für die Nacht

Zusatzaufgaben auf DVD (Aufgaben zu Kapitel 3)

13

1)	Ein Ehepaar fliegt mit Emirates nach Bangkok (Sondertarif). Können sie mit 3 Koffern reisen?	30 kg Freigepäck pro Person ja, die Freigepäckgrenze ist unabhängig von der Gepäckstückzahl (Gewichtskonzept)
2)	Ein Ehepaar hat eine Florida-Rundreise gebucht. Der Flug wird aller Voraussicht mit Condor durchgeführt.	1 Gepäckstück à 23 kg ist frei
	Und was passiert, wenn sie zuviel eingekauft haben und noch mit einem extra Koffer zurückfliegen.	ein 2. Gepäckstück kostet 40,00 € (online)/ 50,00 € pro Strecke, sofern max. 23 kg, wiegt ein Koffer über 23 kg, kostet jedes kg 20,00 €
3)	Ein Ehepaar will mit ihren 1 ½ und 5 Jahre alten Kindern nach Florida in den Urlaub reisen. Geplant ist ein Flug mit Lufthansa in der Eco-Klasse. Sie möchten ebenfalls wissen, wie viel Handgepäck sie mitnehmen können.	Freigepäck 4 x 1 Stück à 23 kg plus die Mitnahme eines Buggys Handgepäck 3 x 1 Stück max. 8 kg Das Kleinkind hat kein Handgepäck, die Mitnahme eines Baby-Tragekorbs ist möglich
4)	Ein Ehepaar fliegt mit einem Sondertarif nach BCN (LH 4085). Dort beginnt ihre Kreuzfahrt ins westliche Mittelmeer. Beim Einchecken in Frankfurt haben sie 3 Koffer (28, 20 und 16 kg) dabei. Müssen sie Übergepäck bezahlen?	jeweils 1 Stück à 23 kg ist erlaubt oder 20 kg frei 28 kg frei + 50,00 € 16 kg frei 16 kg frei Zusatzgepäckstück: <u>28 kg 100,00 € 20 kg + 70,00 €</u> insg. 100,00 € oder 120,00 € pro Strecke check-in-agent wählt angeblich die günstigste Variante, kommt bei LH inzwischen häufiger vor, dass man zu verschiedenen Ergebnissen kommt
5)	Ein Ehepaar fliegt mit Iberia nach Buenos Aires (Sondertarif) und will 3 Koffer mitnehmen (wahrscheinlich jeweils 20 kg).	Freigepäck 1 Stück à 23 kg Für Gepäckstücke über 23 kg bis 32 kg wird ein Gewichtszuschlag von 60,00 € erhoben 1 Stück Übergepäck kostet 50,00 € (online)/ 60,00 € (Flughafen)
6)	Ein Kunde fliegt mit Delta Airlines nach MIA (Sondertarif) zu seinem Ferienhaus mit insgesamt 2 Koffern (25 und 30 kg).	Freigepäck 1 Stück à 23 kg Ein Koffer über 23 kg, aber unter 32 kg, 70,00 € Übergepäckgebühr 1 zusätzlicher Koffer ebenfalls 56,00 € (online) oder 70,00 € (am Flughafen)
7)	Ein Kunde fliegt mit Lufthansa nach Boston in First Class. Er checkt mit 3 Koffern ein (23 kg, 25 kg und 28 kg).	Freigepäck 3 Stück à 32 kg
	Für Bekannte in Boston möchte er ein wertvolles Olivenöl aus Italien im Handgepäck mitnehmen. Ist das möglich?	Flüssigkeiten mit mehr als 100 ml können nur im aufgegebenen Gepäck befördert werden.
8)	Ein Kunde fliegt mit Etihad nach Sydney in Australien mit einem Sondertarif. Er möchte auch wissen, wie viel Handgepäck er mitnehmen kann.	Freigepäck 23 kg (weight concept) Handgepäck 1 Gepäckstück max. 7kg, Gesamtmaße max. 115 cm
9)	Ein Kunde fliegt mit Korean Air in der Business Class nach Seoul. Er möchte auch wissen wie viel Handgepäck er mitnehmen kann.	2 Gepäckstücke à 32 kg Handgepäck 2 Gepäckstücke insg. max. 18 kg

10) Ein Kunde fliegt mit Condor nach FAO und hat neben einer Reisetasche (15 kg) ein Mountain-Bike dabei.	Freigepäck 20 kg (Gewichtskonzept) Mountainbike ist Sportgepäck, muss angemeldet werden, darf maximal 30 kg wiegen, muss verpackt aufgegeben werden und kostet 50,00 € pro Strecke
11) Ein Ehepaar fliegt mit Condor nach TFS zum Golfen. Sie reisen mit 3 Koffern (20, 15 und 25 kg) und einer Golfausrüstung (28 kg).	Freigepäck für beide 40 kg, 20 kg Übergepäck kosten 10,00 € je kg, insg. also 200,00 € für den Hinflug Golfausrüstung ist Sportgepäck, muss angemeldet werden, darf maximal 30 kg wiegen und kostet 50,00 € pro Strecke
12) Ein Ehepaar fliegt mit Air Berlin (Fly Classic – Tarif) nach POP zu einer 2-wöchigen Kreuzfahrt mit anschließendem Badeaufenthalt. Beim Einchecken erscheinen sie mit insgesamt 4 Koffern (20, 28, 26 und 30 kg).	Freigepäck 1 Stück à 23 kg pro Person Übergepäck 1 Stück größer 23 kg kostet 100,00 € 2 x 2. Gepäckstück größer 23 kg kostet jeweils150,00 € also insg. 400,00 € je Strecke

14 a) Ja, ist möglich, hier gilt das Gewichtskonzept, das aufgegebene Gepäck beträgt maximal 20 kg pro Person, unabhängig von der Anzahl der Koffer

b) 53 kg insgesamt, d. h. 13 kg zuviel, pro kg 55,00 USD (von Zone 4 nach Zone 5) = 715,00 USD

15 Freigepäck: jeweils 1 Gepäckstück à 23 kg (Piece Concept)
Übergepäck: pro Person ein 2. Gepäckstück unter 23 kg, jeweils 50,00 EUR = insgesamt 100,00 EUR

16 Überfüllung der Züge zu bestimmten Zeiten (Wochenende, Feiertage): Stehplätze, verpasste Anschlüsse wegen Verspätung

17 Neubaustrecke   Frankfurt Hbf – Limburg – Köln ICE   Dauer 1:10 Std. Normalpreis 69,00 EUR
Rheintalstrecke   Umsteigeverbindung ICE – IC
                  Frankfurt Hbf – Mainz – Köln   Dauer 2:20 Std. Normalpreis 49,00 EUR
                  dito als IC-Verbindung   Dauer 2:20 Std. Normalpreis 48,00 EUR
Rheintalstrecke   Frankfurt Hbf – Koblenz – Köln   Dauer 3:20 Std. Normalpreis 37,50 EUR
                  Nahverkehr   (Umsteigen in Koblenz)
Preisunterschiede sind begründet: Fahrzeit, Reisekomfort, Direktverbindung, unterschiedliche Zugkategorie

18 Paris – Stuttgart
Frankfurt – Amsterdam
Paris – London
Köln – Brüssel
Köln – Paris
Köln – London

19 **Fertig gestellte Neubaustrecken:** Mannheim – Stuttgart, Hannover – Berlin, Hannover – Würzburg, Köln – Frankfurt, Nürnberg – Ingolstadt

Im Bau: **In Planung:**
Karlsruhe – Basel   Frankfurt (Flughafen) – Karlsruhe
Nürnberg – Erfurt – Leipzig   Stuttgart – Ulm
                                 Hannover – Hamburg

20 Vorteile: Antrieb mit Dieselmotoren, daher unabhängig vom Stromnetz, deshalb Einsatz auf Strecken, die nicht elektrifiziert sind bzw. auf internationalen Strecken mit unterschiedlichen Stromsystemen

21 An diesem Bahnhof hält im Rahmen eines Taktfahrplanes regelmäßig ein Zug der jeweils angegebenen Linie.

22 Unterwegshalte
a) Hannover – Wolfsburg
b) Braunschweig – Wolfsburg
c) Leipzig – Wittenberg

23 Stand 2013
Einzelne Züge ab Saarbrücken, Wiesbaden – Frankfurt im Zwei-Stunden-Takt, Zugführung wahlweise über Frankfurt Hbf bzw. Frankfurt Süd; ab Fulda – Leipzig: im Ein-Stunden-Takt, Leipzig Hbf – Dresden Hbf im Zwei-Stunden-Takt

24 Stand 2013
Nein, Linie 28 wird im Ein-Stunden-Takt bedient. Halt in Saalfeld nur alle 2 Stunden.

25 Züge verkehren in regelmäßig, sich wiederholenden Abständen; z. B. Zwei-Stunden-Takt zwischen 8:00 und 20:00 Uhr bedeutet, dass sieben Züge zeitversetzt, in immer gleichen Abständen abfahren.

26 Ruhewagen, Liegewagen der 1. und 2. Klasse, Schlafwagen der 1. und 2. Klasse

27 Sie müssen im zeitlichem Abstand vor Reiseantritt gebucht werden und sind zuggebunden.

28 Zeitliche Differenzierung   Sparpreis, da Vorausbuchungsfrist
Personelle Differenzierung   Familienkinder, Kinder ohne Begleitung, Jugendliche, Rentner
Vielfahrerstatus   BahnCard 100

29 Die City Option (City-Ticket) gilt für beliebig viele Fahrten im Stadtgebiet des Abgangs- und des Zielortes.

30 a) BahnCard 100   d) BahnCard 25 Jugend
    b) BahnCard 50   e) BahnCard 100
    c) BahnCard 25

31 Bahncard 25   Nach 2 Reisen (180,00 x 2 + 61,00) = 421,00 Euro statt 480,00 Euro
    Bahncard 50   nach 3 Reisen (120,00 x 3 + 249,00) = 609,00 Euro statt 720,00 Euro
    Bahn 100   nach 18 Reisen (4.090,00 : 240,00), jede weitere Reise ist kostenlos

32 Schülerspezifische Antworten.
DB Lounges
Bahn-Tix-Service
Carsharing Programm
City-Ticket

33 Eigentümer von BahnCards oder BonusCard Business

34 Keine Haftung für längere Reisezeiten aufgrund von Verspätungen oder Zugausfällen

35

	Bahn	Flugzeug
Haftung	in vielen Punkten unterschiedlich und kaum vergleichbar	
Gepäck	Mitnahme frei	Mitnahme kostenpflichtig, wenn die Freigepäckgrenze überschritten wird
Kinder (14 Jahre)	50 % vom Regeltarif	keine Ermäßigung, bis 11 Jahre 67 %, unterschiedliche Regelungen der Fluggesellschaften

36 Kuriergepäck, CityTicket, Call a Bike, Carsharing Programme

37 Mögliche Entwicklungslinien sind in Kap. 3.3.1 aufgezeigt; schülerspezifische Antworten; Kriterien: Marktteilnehmer und Angebotsvielfalt, Preispolitik, Vertriebspolitik, Mautgebühr, Infrastrukturmaßnahmen, Auswirkungen auf den Bahnverkehr

38 Aufhebung des Konkurrenzschutzes. Deregulierung und Liberalisierung; Bestandsschutz für den ÖPNV durch die 50 km Regelung (Abstand zwischen zwei Haltestellen muss mindestens 50 km betragen)

39 Bei der Vereinsfahrt handelt es sich um Gelegenheitsverkehr. Es wurde der gesamte Bus zu einem Pauschalpreis von einer geschlossenen Gruppe gechartert. Freie Plätze dürfen weder vom Unternehmer noch vom Charterer auf dem freien Markt angeboten werden, um zusätzliche Einnahmen zu erzielen bzw. die Kosten zu senken.

40 Bei Ferienzielfahrten handelt es sich immer um ein Pauschalarrangement bestehend aus Beförderungs- und weiteren Leistungen (Übernachtung, Verpflegung). Bietet der Unternehmer lediglich die Beförderung an, betreibt er Linienverkehr. Dafür besitzt er keine Konzession.

41 Es handelt sich um Schienenersatzverkehr. Die Bahn bietet die Reise unter einem Preis an. Von Nürnberg nach Prag existiert zu diesem Zeitpunkt kein Zugverkehr, da unrentabel, stattdessen umsteigen auf den Expressbus. Die Entscheidung für den Bus fällt nicht der Reisende sondern die Bahn. Bei dem angegebenen Fahrpreis handelt es sich um den Normalpreis. Es wurde ein internationales Ticket ausgestellt. Für Tschechien existiert kein „Europa Spezial" (Sondertarif).

42 Jugendliche, Studenten, Senioren, Gastarbeiter

43 Ungeeignet für lange Strecken, Arme-Leute-Syndrom, Langsamkeit, ungeeignet für Familien, Stauanfälligkeit, witterungsabhängig besonders im Winter, unbequemes Reisen.

44 Schülerspezifische Antworten; tatsächlich können alle „Argumente" hinterfragt werden

45 Der Termin der Weiter- oder der Rückreise ist noch nicht bekannt. In diesem Fall ist eine Rückbestätigung erforderlich, die wiederum an Anmeldefristen gebunden ist.

46 Die Konkurrenz der Billigflieger trägt zum Rückgang des Busverkehrs bei.

47 Damit soll die Schaffung von Scheintatbeständen verhindert werden. Nämlich, dass eine als Fernverkehr deklarierte Strecke vornehmlich lukrative Haltepunkte im Nahverkehrsbereich bedient und somit ein bestehendes Nahverkehrsangebot mit günstigeren Fahrpreisen unterläuft.

48 Ein ausländisches Verkehrsunternehmen kann im Ausland innerstaatliche Strecken betreiben und Fahrgäste dürfen im grenzüberschreitenden Verkehr im gleichen EU-Mitgliedsstaat aufgenommen und abgesetzt werden.

49 a) nationaler Verkehr
b) internationaler Verkehr
c) internationaler Verkehr und Transitverkehr in Frankreich

50 Vorteile
- gemeinsame Reiseerlebnisse als Teil einer Gruppe
- Kontakte zu den Mitreisenden
- Reiseablauf mit wenig Stress verbunden
- Ziele können direkt angefahren werden
- praktisch keine Transfers
- Gepäckmitnahme im Reisebus
- komfortable Reisebusse
- niedrigere Unfallquote der Reisebusse gegenüber Individualverkehr
- umweltschonende Reiseart

Nachteile
- Einbindung in eine Gruppe mit Zwangscharakter
- geringe Bewegungsfreiheit im Reisebus
- Imageprobleme der Reisebusse: „Rentnerjet"
- lange Fahrzeiten
- Bewältigung geringer Entfernungen pro Zeiteinheit
- Staus im Straßenverkehr mit den entsprechenden Wartezeiten

51 • Anschaffung/Anmietung von Kraftomnibussen mit einem Sitzplatzangebot von mehr als acht Personen ohne Fahrer
  • öffentlich zugängliches Angebot
  • regelmäßige Bedienung und Aushang eines Fahrplans
  • feste Haltepunkte mit Zusteigemöglichkeiten
  • Gesamtstrecke über 50 km
  • Fahrzeit ohne Zwischenhalt über eine Stunde für den jeweiligen Streckenabschnitt des Tickets
  • Tarif-, Betriebs- und Beförderungspflicht

52 Die Schiffspassagiere sollen den gleichen Schutz wie Flug- und Bahnreisende hinsichtlich der Annullierung bzw. Verspätung einer Fährpassage genießen. Seitens der Europäischen Union ist damit eine weitere Harmonisierung der Verbraucherrechte im nationalen und internationalen Personentransport umgesetzt.

53 Seit Inkrafttreten der VO EG Nr. 392/2009 am 31.12.2012 ist die Haftung für Wertsachen wie folgt geregelt:
  • keine Haftung, wenn die Wertsachen dem Beförderer nicht zur sicheren Verwahrung übergeben wurden
  • max. Haftung von 3 375 RE bei Übergabe der Wertsachen in die Obhut des Beförderers
  • Kabinensafe gilt nicht als sichere Aufbewahrung
  • eine Selbstbeteiligung nach Maßgabe der Allgemeinen Geschäftsbedingungen ist ausgeschlossen

54 Transport von Tür zu Tür mit dem eigenen Pkw
  – keine Begrenzung bei der Mitnahme von Gepäck und Wegfall von Gepäckgebühren
  – zum Ferienbeginn keine überfüllten Flughäfen
  – der Urlaub beginnt bereits an Bord (vergleichbar den Autoreisezügen)
  – eine Nachtüberfahrt erspart eine Zwischenübernachtung
  – Unterhaltungsangebot an Bord insbesondere für die Kinder
  – Erlebnis der Seereise
  – bequeme und entspannte Art des Reisens

55 Trelleborg liegt in Südschweden und in unmittelbarer Nähe von Malmö. Die Nutzer der Fährverbindungen bzw. der Landverbindung haben also zunächst das gleiche Ziel. Im konkreten Fall ist daher zu klären:
  – Was ist teurer: Mautgebühr oder Fährpassage?
  – Was dauert länger: Fährüberfahrt oder Fahrt mit dem Pkw auf der Straße?
  – Wie hoch sind die zusätzlichen Kosten (Benzin) für die Fahrt mit dem Pkw?
  – Was ist entspannender: Fähre oder eigene Fahrt?
Fazit: Die Landverbindung bedeutet offensichtlich einen derartig großen Umweg, dass sie sich für deutsche Kunden kaum rentiert. Nicht vergessen darf man allerdings, dass alle Fährverbindungen auch intensiv von Lkw und Trailern genutzt werden und die Verbindung ab Sassnitz auch für den Eisenbahnverkehr (Berlin – Stockholm) ausgebaut wurde.

56 19 Knoten entspricht etwa 35 km/Std.
40 Knoten entspricht etwa 74 km/Std.

57 Die Liegezeit dieser Fähre dauert länger und ist somit unwirtschaftlicher als bei Fähren, die mit Bug- und Heckklappen ausgestattet sind, da hier die Kfz durchfahren können. Bei einer Fähre, die nur über Heckklappen verfügt, muss zum Entladen im Schiff gewendet werden. Gerade für Lkw-Züge ist dies problematisch und bedeutet einen erheblichen zeitlichen Mehraufwand. Der Beladevorgang kann erst begonnen werden, wenn alle Kfz das Schiff verlassen haben.

58 Alle Anrainerstaaten der Ostsee - bis auf Russland - gehören zum EU-Binnenmarkt. Nur für die Routen nach Oslo, St. Petersburg und Mariehamn auf den Ålandinseln gelten besondere Einfuhrbestimmungen für Waren. Diese drei Destinationen zählen nicht zum Binnenmarkt (Zollgebiet) der EU. Norwegen und Russland sind keine Mitglieder der EU. Und die Ålandinseln gehören zwar politisch zum EU-Mitgliedsland Finnland, gelten aber als Zollausland vergleichbar den Kanarischen Inseln. Nur bei Fahrten in denen das Zollgebiet der EU verlassen wird, ist ein Duty Free Verkauf möglich.

59 Nein, deutsches Recht hat heute lediglich nationale Relevanz im Gegensatz zur Regelung der Anlage 1 des bedeutungslos gewordenen Paragrafen 664 HGB. Im grenzüberschreitenden Verkehr sind die Vorschriften der Europäischen Union von Bedeutung. Es ist die „VO (EG) Nr. 392/2009 über die Unfallhaftung von Beförderern von Reisenden auf See" anzuwenden, wenn:
- das Schiff die Flagge eines Mitgliedsstaats führt oder in einem Mitgliedsstaat registriert ist;
- der Beförderungsvertrag in einem Mitgliedsstaat unterzeichnet wurde;
- nach dem Beförderungsvertrag der Abgangs- oder Bestimmungsort in einem Mitgliedsstaat liegt.

Norwegen zählt nicht zur EU. Da der Bestimmungsort aber in einem Mitgliedsland der EU liegt, müssen die Haftungsregelungen der EU-Verordnung angewendet werden.

60 Hinfahrt 30.09. Preisperiode B

| Frau Walter | 50 % von 362,00 | 181,00 Euro |
| Tochter Ilse | 50 % von 181,00 | 90,50 Euro |

Rückfahrt 14.10. Preisperiode A

Frau Walter	50 % von 316,00	158,00 Euro
Tochter Ilse	50 % von 158,00	79,00 Euro
Gesamtpreis		508,50 Euro

Keine weiteren Ermäßigungen möglich

61
- Reservierung einer Kabine und des Pkw unter Ausnutzung des Frühbuchervorteils
- Reservierung des Autopaketes ohne weitere Ermäßigungen
- Reservierung für den Pkw und von Ruhesesseln, für die Kinder erfolgt die Reservierung der Ruhesessel kostenlos
- die Reservierung von Einzelbetten ist wegen des Alters der Söhne nicht möglich, außerdem wäre sie unwirtschaftlich

62

Ust Luga	Russland
Ventspils	Lettland
Liepaja	Lettland
Kleipeda	Litauen
Baltijsk	Russland, Exklave Kaliningrad
Gdingen	Polen

63 und 64
Diese Aufgaben sind identisch mit Nr. 52 und 53 und sind versehentlich doppelt aufgeführt!

65 Änderungen vorbehalten

von Deutschland nach	Verbindungen	Anbieter	Fahrtzeit (Stunden, Minuten)
Dänemark	Puttgarden (Fehmarn) – Rödby (Lolland)	Scandlines	00:45
	Rostock – Gedser (Falster)	Scandlines	01:45
	Sassnitz (Rügen) – Rönne (Bornholm)	Bornholms Faergen	03:30
Norwegen	Kiel – Oslo	Color Line	20:00
Schweden	Kiel – Göteborg	Stena Line	14:00
	Sassnitz (Rügen) – Trelleborg	Stena Line	04:00
	Rostock – Trelleborg	Stena Line	05:45
	Lübeck/Travemünde – Trelleborg	TT-Line	07:30
	Rostock – Trelleborg	TT-Line	05:30
	Lübeck/Travemünde – Malmö	Finnlines	09:00

von Deutschland nach	Verbindungen	Anbieter	Fahrtzeit (Stunden, Minuten)
Finnland	Rostock – Helsinki	Finnlines	38:00
	Lübeck/Travemünde – Helsinki	Finnlines	27:00
Baltikum	Rostock – Ventspils (Lettland)	Stena Line	28:00
	Kiel – Klaipeda (Litauen)	DFDS Seaways	21:00
	LübecK/Travemünde – Liepaja (Lettland)	Stena Line	28:30
	Lübeck/Travemünde – Ventspils (Lettland)	TransRussiaExpress (Finnlines)	66:00
	Sassnitz – Klaipeda (Litauen)	DFDS Seaways	18:00
Russland	Sassnitz – Baltijsk (Russland)	Trans-Exim	24:00
	Lübeck/Travemünde – St. Petersburg	TransRussiaExpress (Finnlines)	61:00
	Sassnitz – Ust Luga	DFDS Seaways; Trans-Exim	43:00
Polen	Rostock – Gdingen	Finnlines	13:00

S. 425 (Aufgaben zu Kapitel 4)

1 a) Kunde und Autovermietungsunternehmen
  b) Kunde und Autovermietungsunternehmen

2. a) Kleinwagen z. B. VW Polo, 2 Türen, manuelle Schaltung, Klimaanlage
  b) Untere Mittelklasse z. B. VW Passat, 4 Türen, manuelle Schaltung, Klimaanlage
  c) Luxusklasse z. B. BMW 5er, Kabrio, manuelle Schaltung, Klimaanlage
  d) Obere Luxusklasse z. B. Audi Q 7, Sport, Automatik, Klimaanlage
  e) Luxusklasse z. B. BMW 7er, 4 Türen, manuelle Schaltung, keine Klimaanlage

3 – Vertragsbedingungen in Englisch oder anderer Sprache, Konditionen dadurch unklar
  – Enthaltene Versicherungen mit zu geringer Deckung, teure Zusatzversicherungen
  – Fahrzeugauswahl vor Ort begrenzt
  – Bei Problemen keine Betreuung durch Ansprechpartner in Deutschland
  – Längere Wartezeiten

4 Die Kfz-Haftpflichtversicherung deckt Schäden ab, die dem Unfallgegner oder fremden Sachen (z. B. Leitplanken) entstehen, die Kaskoversicherung deckt Schäden am eigenen Fahrzeug ab.

S. 435 (Aufgaben zu Kapitel 5)

1 – Der Beherbergungsvertrag gilt als abgeschlossen, wenn die Zimmerbestellung vom Beherbergungs-betrieb angenommen ist.
  – Der Inhaber des Beherbergungsbetriebes ist verpflichtet, das gebuchte Zimmer zur Verfügung zu stellen, ansonsten besteht seitens des Gastes Schadenersatzanspruch.

- Der Gast ist verpflichtet, das für die Vertragsdauer vereinbarte Entgelt zu zahlen, auch wenn das Zimmer nicht in Anspruch genommen wird. Sollte der Gast die Buchung nicht in Anspruch nehmen, hat der Inhaber des Beherbergungsbetriebes die eingesparten Aufwendungen sowie eventuelle Einnahmen aus einer anderweitigen Verwertung des Zimmers anzurechnen.
- Der Inhaber des Beherbergungsbetriebes ist verpflichtet, nach Treu und Glauben nicht in Anspruch genommene Zimmer nach Möglichkeit anderweitig zu vergeben.

2 Keine Vorauszahlung, eine Stornierung der Reservierung muss spätestens zwei Tage vor Anreise erfolgen, widrigenfalls die Kosten für eine Übernachtung fällig werden, garantiert durch die Kreditkarte des Gastes: KEINE VORAUSZAHLUNG; FÄLLIGKEIT DER RECHNUNG BEIM CHECK-OUT

3 DTV   Deutscher Tourismusverband
   DIRG   Deutschland Informations- und Reservierungsgesellschaft mbH

4 Das Kurhotel muss seine Gäste medizinisch versorgen können und über entsprechende Diäteinrichtungen verfügen. Die ständige Anwesenheit eines entsprechend ausgebildeten Arztes ist nicht erforderlich.

5 Freizeitpark, Ferienpark, Cluburlaub, Feriendorf, Reiterhof

6 Abkürzung im Geschäftstourismus üblich: **M**eetings (Tagungen), **I**ncentives (Belohnungsreisen), **C**onventions (Kongresse), **E**vents (Veranstaltungen)

7 Zimmergrößen, Komfort der Zimmer und der Nasszelle, Serviceleistungen des Hoteliers

8 Tritt der Gast einseitig vom Vertrag zurück, ist er trotzdem verpflichtet, den vereinbarten Zimmerpreis zu bezahlen. Eine kostenfreie Stornierung bis 18:00 am Anreisetag ist i.d.R. vereinbart. Preisminderungen bei Nichterscheinen des Gastes sind die Regel.

9 Der Franchisegeber stellt dem Franchisenehmer die Nutzung eines Geschäftskonzeptes/ einer Marke gegen Entgelt zur Verfügung.

10 Accor unterscheidet zwischen vier Qualitätsstufen statt fünf Kategorien wie DEHOGA. Auch die Differenzierung zwischen standardisierten und nicht standardisierten Hotelmarken fehlt bei DEHOGA.

11 Schülerspezifische Antwort anhand einer Internetrecherche

S. 441 (Aufgaben zu Kapitel 6)

1 Feste Buchung von mehrtägigen Seminarveranstaltungen einschließlich Hotelaufenthalt, Reisekosten für eine Ersatzperson, wenn der ursprüngliche Reisende aufgrund von Krankheit ausfällt.

2 Diese Klausel soll die Stornokosten für die Versicherer möglichst gering halten. Je später die Reise abgesagt wird, desto höher sind die Stornokosten. Sollten die Versicherer nachweisen, dass die Reise früher hätte storniert werden können, werden sie die Ersatzleistung entsprechend kürzen. Zur Absicherung ist den Reisenden daher zu raten, sich mit der Notfallhilfe des Versicherers in Verbindung zu setzen und seinen Empfehlungen zu folgen. Dann ist eine Minderung der Versicherungsleistung nicht möglich.

Zusatzaufgaben DVD (Aufgaben zu Kapitel 6)

3 Auch diese Klausel hat das gleiche Ziel. Die Schadensummen sollen begrenzt und die Prämienstruktur stabilisiert werden. Die Stornierung wegen Krankheit stellt den mit Abstand am häufigsten auftretenden Versicherungsfall dar. Mit der Selbstbeteiligung wird der Versicherte am Schadensfall beteiligt, was sein Verhalten beeinflusst.

4 a) Keine Haftung, der eigene Pkw ist kein öffentliches Verkehrsmittel
   b) Keine Haftung, das Taxi ist zwar ein öffentliches Verkehrsmittel, da jedem zugänglich, aber es fährt nicht nach festem Fahrplan
   c) Alle Kriterien für eine Haftung sind erfüllt

5 Im Falle eines No-Show, wenn also die Versicherten die Reise nicht angetreten haben, kann keine Stornorechnung ausgestellt werden, da ja nicht storniert wurde. Natürlich erlischt deshalb der Versicherungsschutz nicht. Der Versicherte muss vom Veranstalter eine „Proforma-Stornorechnung" verlangen, um seine Ansprüche abzusichern. Mit der Vorlage dieser Urkunde beim Reiseversicherer kann der Versicherte seine Ansprüche geltend machen, die dann entsprechend geprüft werden.

6 Bei Verträgen über Ferienwohnungen, Ferienhäuser, Wohnmobil, Mietwagen, Yachtcharter, Hausboote; die Zahl der Personen, die das Objekt mieten, spielt bei der Berechnung der Prämie keine Rolle.

7 Werden aufgrund einer Umbuchung der gleichen Reise, aber in einer teureren Saison, Mehrkosten fällig, so übernimmt der Versicherer diese Kosten.

8 Es macht wenig Sinn, nur eine Versicherung über den Reiseabbruch einzudecken, obwohl das durchaus möglich ist. Nach der BGB-Informationspflichten-Verordnung (BGB-InfoVO) ist das Reisebüro lediglich verpflichtet, auf die Reiserücktrittskostenversichrung hinzuweisen, die allerdings nur die versicherten Risiken vor Reiseantritt abdeckt. Im Beratungsgespräch erscheint es sinnvoll, dass die Expedientin den umfassenderen Versicherungsschutz anbietet und auf die geringe Prämiendifferenz hinweist. Verkaufspsychologisch gesehen tendiert ein Kunde eher zum teureren Produkt mit dem größeren Leistungsumfang. Andere Versicherer bieten zwei getrennte Versicherungen an, deren Prämien sich addieren, der angesprochene Effekt entfällt. Der rationale Kunde entscheidet jedoch in jedem Fall preisbewusst und vergleicht zusätzlich die Versicherungsbedingungen.

9 – Personen, die nicht selbst an der Reise teilnehmen, deren Schädigung aber den Versicherungsfall auslösen kann
   – Versicherungsschutz für Personen, die an der Reise nicht teilnehmen

10 EU-Staaten plus Island, Liechtenstein, Norwegen, Schweiz gehört nicht zum EWR (Europäischer Wirtschaftsraum). Die EWR-Staaten bilden einen gemeinsamen Wirtschaftsraum und gewähren ihren Bürgern u.a. eine gemeinsame Freizügigkeit.

11 Übernahme der Kosten für den Transport einer Vertrauensperson zum Krankenhaus und zurück; Übernahme der Unterbringungskosten im oder beim Krankenhaus bis zu 80,00 Euro pro Tag, zeitliche Beschränkung auf acht Tage bzw. alternativ Übernahme der Kosten für Besuchsfahrten vor Ort bis zu 25,00 Euro pro Tag, maximal fünf Tage (Leistungen variieren unter den Versicherern)

12 Gemeint ist die ständig besetzte Hotline (Notrufzentrale, Reise-Assistance) des Unternehmens.

13 Schülerspezifische Antwort anhand der aktuellen allgemeinen Geschäftsbedingungen

14 Die ERV ist bei der Sperrung der Karten behilflich bzw. überweist Bargeld auf ein Konto am Ferienort auf Kosten des Kunden und mit der Verpflichtung der Rückzahlung nach Rückkehr.

15 Am kundenfreundlichsten ist die Formulierung: Medizinisch sinnvoll und vertretbar ohne weitere Einschränkung

16 Reiserücktritt-, Reiseabbruch-, Auslandskranken- und Gepäckversicherung

Lernfeld 9

In diesem Lernfeld gibt es in vielen Fällen nicht „die Lösung". Die abgedruckten Lösungshinweise können Ihre Schülerinnen/ Schüler ggf. auf einen Wegaspekt hinweisen oder bringen. Es wird bei vielen Aufgaben davon ausgegangen, dass die Schülerinnen/ Schüler eine Recherche in den ihnen zugänglichen Medien durchführen; bevorzugt im Internet.

Die Verfasser

S. 452 (Aufgaben zu Kapitel 1)

1 Als **Markt** bezeichnet man den Ort, an dem Angebot und Nachfrage für ein bestimmtes Gut zusammentreffen.

2 Die **Stärke der Marktparteien** drückt sich letztlich nicht in der Quantität der Marktteilnehmer, sondern in den durchsetzbaren Preisen aus.

3 Diese **Marktformen** existieren in Deutschland:

Wirtschaftsgut	Marktform	Anbieter/Nachfrager
Erdgas	Angebotsoligopol	wenige/viele
Wasser	Angebotsoligopol	wenige/viele
Grundnahrungsmittel	Polypol	viele/viele
Gold	Angebotsoligopol	wenige/viele
Wertpapiere	Polypol	viele/viele
Textilien	Polypol	viele/viele
Pauschalreisen	Polypol	viele/viele
Reiseversicherungen	Angebotsoligopol	wenige/viele
Charterflüge	Angebotsoligopol	wenige/viele
Mietwagen	Angebotsoligopol	wenige/viele
Internetzugänge	Polypol	viele/viele
Buchungssysteme	Angebotsoligopol	wenige/viele

4 **Generelle Preisbildung**: Auf einem freien Markt und im Polypol führt der Marktpreis (Gleichgewichtspreis) zum **Marktgleichgewicht** und Ausgleich zwischen **Angebot** und **Nachfrage**.

5 Ist eine Vorraussetzung des **vollkommenen Marktes** nicht erfüllt, spricht man von einem unvollkommenen Markt (Märkte in der Realität).
Beispiele: Anbietern ist es möglich innerhalb eines bestimmten Rahmens für ein und dasselbe Gut unterschiedliche Preise zu verlangen, der einzelne Anbieter kann selbst über Preis und Angebotsmenge entscheiden usw.

6 Schülerspezifische Antwort.
Lösungsbeispiele:
Anomales Nachfrageverhalten bedeutet je höher der Preis, desto eher ist man bereit, ein Produkt zu kaufen. Motive dafür sind: Ausgrenzung von Käuferschichten, limitierte Auflagen verkaufen, Unikate absetzen usw.
Beispiele für **anomales Buchungsverhalten** sind sinkende Buchungen für Urlaube im Juli und August, Angebote mit Überraschungseffekt, die in letzter Minute von Eltern mit schulpflichtigen Kindern gebucht werden können, die „Auf in den Urlaub-fertig-los!-Buchung", ohne viel Wert auf Vergünstigungen zu legen.

7 Aufgrund der schwankenden Nachfragesituation können für ein homogenes Gut (z. B. Pauschalreisen) **unterschiedliche Preise auf dem Markt** durchgesetzt werden.

8 Schülerspezifische Antwort.
Beispiele für **Präferenzbildung** als Vermittler bzw. Veranstalter: Angebote zu Nachhaltigkeit, Zielgruppe der *Best ager*, Kreuzfahrten, Golfurlaub

9 Ein **homogener Markt im Reiseverkehr** würde dazu führen, dass Angebotsbreite und Angebotstiefe abnehmen.

10 Schülerspezifische Antwort.

11 Schülerspezifische Grafikgestaltung.
Rechnerische Ermittlung des **Gleichgewichtspreises**:

mögliche Kurse der x-Aktie	durchführbare Kaufaufträge	durchführbare Verkaufsaufträge	Verhältnis
100,00 €	2140	270	N > A
105,00 €	1390	690	N > A
110,00 €	790	1290	N < A
115,00 €	330	1600	N < A

Der Gleichgewichtspreis für den Kauf und Verkauf der x-Aktie ist für dieses Beispiel mit einer Tabellendarstellung allein, nur eingrenzend zu ermitteln. Er liegt zwischen 105,00 € und 110,00 €.
(In diesem Fall würde der Kurs von einem Börsenmakler auf 110,00 € festgesetzt, da hier der größte Umsatz erzielt wird.)

S. 482 (Aufgaben zu Kapitel 2)

1 Die **Zielsetzung des Tourismus-Marketings** ist eine bestmögliche Befriedigung der Bedürfnisse bestimmter Kundengruppen unter Einbeziehung eines angemessen Gewinns.

2 Marketing ist die Ausrichtung der gesamten Unternehmensführung und der Mitarbeiter/-innen auf die Bedürfnisse des Kunden. Es wird damit auch zur **Unternehmensphilosophie**.

3 Schülerspezifische Antwort.
Lösungsbeispiele:
a) Die **Tourismusindustrie** schafft Präferenzen, nutzt den *Snob-Effekt*, um die Bildung eines vollkommenen Marktes zu verhindern.
b) Die **Konsumenten** handeln nicht nach dem ökonomischen Prinzip oder Kunden bevorzugen bestimmte Veranstalter.
c) Die Zielsetzungen der Tourismusindustrie sind Gewinnerzielung, und Kundenbindung; die der Kunden sind größtmöglicher Nutzen und *Prestige*bildung.

4 Die realitätsfernen Prämissen eines **vollkommenden Marktes** für die Reisebranche existieren nicht. So sind z. B. die Reisemotive der Konsumenten heterogen, Nachfragepräferenzen bestehen in persönlicher, räumlicher und zeitlicher Sicht. Diesen stehen qualitativ unterschiedliche Reiseleistungen und eine begrenzte Angebotskapazität der Veranstalter gegenüber. Markttransparenz ist für keinen der Beteiligten gegeben.
Marketing schafft somit keinen unvollkommenen Markt, sondern reagiert nur auf die Marktgegebenheiten, insbesondere durch die Preispolitik.

5 Der gesamte **Reiseveranstaltermarkt ist ein Teilangebotsoligopol**, d. h., vielen Nachfragern stehen wenige Anbieter (Großveranstalter/Oligopol) und viele mittelständische und kleine Veranstalter gegenüber. Für touristische Teilmärkte können dies auch andere Marktformen sein, z. B. Kreuzfahrtmarkt, *Best-Ager*-Markt, Skimarkt, regionaler Markt usw.

6 Bei einem **Käufermarkt** sind die Nachfrager (Käufer) den Anbietern (Verkäufern) gegenüber im Vorteil. Sie haben eine genügend starke Marktposition, um z. B. Preise und Angebotsmengen zu bestimmen. Angebot und Nachfrage passen sich bei funktionsfähigem Wettbewerb über sinkende Preise an.

7 Zusatzinformation: Individuen haben von Natur aus trotz ihrer Zugehörigkeit zur selben demografischen Gruppierung teilweise völlig differenzierte Ansichten und Einstellungen. Dieser Tatsache tragen die **psychografischen Merkmale** Rechnung. So lassen psychografische Kriterien (Gewohnheiten, Einstellungen, Werte, Bedürfnisse) das Ausmaß ihres Einflusses auf das Kaufverhalten zu. **Marktsegmentierungsmöglichkeiten** gibt es viele. Märkte können nach geografischen, demografischen, soziodemografischen (Alter, Geschlecht, Bildung und Einkommen) oder psychografischen Kriterien unterteilt werden. Das *Lifestyle*-Konzept knüpft am Lebensstil der Konsumenten an und beschreibt Menschen anhand mehrerer Merkmale, sodass sich ähnelnde Konsumenten zu bestimmten *Lifestyle-Typen* zusammengefasst werden. Solche Typologien sind Weiterentwicklungen der **psychografischen Marktsegmentierung**.

8 Schülerspezifische Antwort.
Lösungsbeispiele für **Marketingzielvereinbarungen** im Ausbildungsbetrieb:
„Alle Auszubildenden im ersten Ausbildungsjahr nehmen, um ihre Beratungskompetenz zu steigern, mindestens an einer Informationsreise ins europäische Ausland teil."
„Die Auszubildenden des dritten Ausbildungsjahres betreuen eigenverantwortlich für einen Monat den Spezial*counter ‚Action, Fun* und Abenteuer inklusive'."

9 Schülerspezifische Antwort.
Lösungsbeispiel: **Der *Best-Ager*-Club 55+**
„Hier sind wir unter uns! Ob Tennis-Ass oder Netz-Neuling, ob *Handicap* +4 oder -54, ob die Schachpartie matt oder *remis* endet, ob Sie einen Roten oder einen Weißwein bevorzugen, ob Sie lieber angeln oder Rad fahren oder ob Sie mit *Tai Chi Chuan* die Ruhe des Körpers und des Herzens suchen: wir haben das gleiche Ziel: Leben wie es uns gefällt!"
Zusatzinformation: Unter *Best-Ager* werden alle über 55-Jährige „*Young-Seniors*" verstanden.

10 Schülerspezifische Antwort.
Lösungsbeispiel: Das **Marketing-*Paradigma*** (Verhaltensmuster) lautet: Die Zielgruppe und nicht der Massenmarkt stehen im Vordergrund. Die Philosophie lautet: Alles aus der Sicht der Kunden sehen. Entsprechend wird versucht, insbesondere auf den Konsumenten (z. B. durch Werbung), seine Motivation (z. B. *Entertainment*-, *Wellness*-Angebote) und den Buchungszeitpunkt (z. B. Frühbucherrabatt) Einfluss zu nehmen.

11 Das ***Blackbox-Modell*** ist ein gedankliches Modell, das lediglich die auf eine Person einfließenden Reize und die erfolgten Reaktionen beschreibt, ohne die innerhalb der *Blackbox* ablaufende Prozesse der Entscheidungsfindung zu betrachten.
Das **Stimulus-Organism-Response-Modell (S-O-R-Modell)** beschreibt, dass empirisch messbare *Input*variablen, sogenannte *Stimuli* (S), einen Lernprozess im *Rezipienten* (Organismus) auslösen. Er kann mithilfe von Wahrnehmungs- und Lernkonstrukten gemessen werden und führt zu einer Reaktionen (*Response*). Entsprechend kann die *affektive* (emotionale) und *kognitive* (rationale) Verarbeitungsleistung durch veränderte *Stimuli*, wie z. B. Werbung, beeinflusst werden und somit auch den *Response* verändern.

12 Die **Eisberg-Theorie** besagt, dass eine Reiseentscheidung überwiegend aufgrund emotionaler Faktoren getroffen wird, also innerhalb eines psycho-physiologischen Prozesses abläuft, der schwierig zu beeinflussen ist. Hieraus ergeben sich Probleme für eine erfolgreiche Marketing-Strategie.

13 Schülerspezifische Antwort.
Lösungsbeispiel: Dynamisch in diesem Zusammenhang bedeutet, die *Stimuli* adäquat den Kunden anzupassen. Ein Tourismusbetrieb kann so auf die ***Input*-Faktoren des dynamischen Kaufentscheidungsmodells**, z. B. die Reiseform, die Hotelauswahl oder die Destination, Einfluss nehmen.

14 Primäre Marktforschung unterscheidet sich von sekundärer Marktforschung durch die Art der Datengewinnung: Bei der sekundären Marktforschung liegen die Daten bereits vor (z. B. als Absatzstatistiken) und dienen der künftigen Sortimentsgestaltung, der Erarbeitung einer künftigen *Marketingmix*-Strategie usw. Bei der primären Marktforschung werden die Daten für konkrete, marketingpolitische Fragestellungen erst erhoben.

15 Schülerspezifische Antwort.

16 Nur die richtige **Auswahl der Befragten** sichert ein qualitativ verwertbares, aussagekräftiges Ergebnis.

17 Der **Prozesscharakter einer touristischen Leistung** ergibt sich dadurch, dass er die Einzelprozesse der Kaufanbahnung, der Leistungserstellung, des Verkaufs, die Verwertung und die Beurteilung der Leistung einschließt.

18 Die **Marktforschung** hat in den einzelnen Phasen die Aufgabe, die Marktdaten zu erfassen, zu analysieren und zu interpretieren.

19 Schülerspezifische Antwort.
Lösungsbeispiel zum **Nutzen der Marktforschung**: Die Marktforschung gibt Aufschluss über die Bedürfnisse, Einstellungen und Meinungen der Konsumenten und sichert so marktnahe Entscheidungen, z. B. über neue touristische Leistungen, ab.

20 Schülerspezifische Antwort.
Die **Ergebnisse der Marktforschung** werden z. B. verwertet für
   – Destinationen: Einkauf von Hotelbetten,
   – Reiseveranstalter: Katalogangebote,
   – Fluggesellschaften: Einrichtung/Häufigkeit von Flugrouten,
   – Reisemittler: Destinationsschulungen.

21 Die **Kaufverhaltensforschung** erklärt und prognostiziert das Konsumverhalten.
Mithilfe der **Marktbeobachtung** ist es möglich, Verhaltenweisen von Personen sowie Sachverhalte unbeeinflusst festzustellen. Sie kann offen oder verdeckt durchgeführt werden. Sie ist von der Auskunftsbereitschaft der am Marktgeschehen beteiligten Personen unabhängig. Die Zielsetzung ist, die Veränderungen im Zeitablauf auf dem Markt zu erkennen.
Die **Kundenbefragung** setzt die Selbstbeobachtung des Befragten voraus, um exakte und schlüssige Daten über das Verhalten von Personen zu bekommen. Ferner muss der Befragte auskunftsbereit sein, wahrheitsgemäße Aussagen machen und generell etwas zum Thema sagen können. Sie dient, wie auch andere Methoden, der systematischen Erfassung von Veränderungen, Strukturen und Vorgängen auf dem relevanten Markt, die z. B. für Kaufentscheidungen relevant sind.

22 Die **Bereitstellungsbewertung** gibt Auskunft über die Meinung potenzieller Kunden bezüglich des eigenen Dienstleistungsangebots und im Vergleich zu den Mitbewerbern. Im Hinblick auf das Beschaffungsmarketing kann abgeleitet werden, inwieweit der Veranstalter die einzelnen touristischen Leistungen kundenadäquat eingekauft hat und der Reisemittler ein marktnahes Angebot offerieren kann.

23 Schülerspezifische Antwort.
Lösungsbeispiel für **Qualitätsmerkmale innerhalb der Bereitstellungsstufe**:
   – Veranstalter: tiefes und breites Angebotssortiment,
   – Vermittler: Beratungskompetenz, Anzahl der Reisebuchungen.

24 Die **Interaktionen von Bereisten und Reisenden** während der Durchführungsstufe haben direkte Auswirkungen auf die Kundenzufriedenheit und somit auf die Kundenbindung.

25 Schülerspezifische Antwort.
Lösungsbeispiel: Als **Informationsquellen für die Marktforschung** in der Durchführungsstufe können z. B. Gästebefragungen, Reklamationen vor Ort, Nutzung der touristischen Angebote vor Ort, Gespräche mit der Reiseleitung und mit Animateuren dienen.

26 Das **Integrationsverhalten des Reisenden** bezieht sich auf die Gastgeber und andere Reisende; je stärker die Sozialisation zu diesen Gruppen ist, desto zufriedener wird das Individuum seinen Urlaub erleben.

27 Schülerspezifische Antwort.
Lösungsbeispiele für das Testen der **Kundenzufriedenheit in der Ergebnisstufe**: Beschwerdebücher, Kummerkästen, Kundenbefragungen

28 Schülerspezifische Antwort.
Lösungsbeispiel: Die ersten **„Input"-Faktoren im Verkaufsgespräch** werden bereits bei der Begrüßung auf emotionaler Ebene gelegt (Sympathie oder Antipathie?).
Des Weiteren werden im Rahmen der Bedarfsermittlung dem Kunden Bedürfnisse bewusst, die Sie angestoßen haben und z. B. durch Präzisierungsfragen überprüfen können. Im Rahmen des Angebotes liefern Sie weitere „Input"-Faktoren, die der Kunde im Rahmen einer ökonomischen Nutzenabwägung und emotionaler Entscheidungskriterien für sich überprüft und abwägt.

Selbst durch die Einwandbehandlung liefern Sie weitere *„Input"*-Faktoren, sodass der *Response* des Kunden die Buchung oder Nichtbuchung ist.

Kaufentscheidungsmodelle sind dynamisch, weil die *Stimuli* verändert werden können und somit der Ablauf der Entscheidungsfindung, was natürlich in einer veränderten *Response* seinen Niederschlag finden kann.

29 Das Ordnen der Begriffe sollte folgende Tabelle ergeben:

Demoskopie	Ökoskopie
– Messeberichte – persönliche Markkenntnisse – Gästelisten – Marktuntersuchungen (eigene) – fertige Marktstudien (eigene)	– amtliche Statistiken von Bund, Ländern, Städten, Behörden – Verbandsunterlagen – Wirtschaftsinformationsdienste – Fachpresse – Firmenberichte – Dokumentationsstellen – Auslandstatistiken – Bibliotheken – Datenbanken – Marktuntersuchungen (fremdvergebene) – Wirtschaftspresse

30 Im Mittelpunkt einer **strategischen Produktpolitik** steht der Kundennutzen, auf den die Gestaltung des Leistungssortiments abgestimmt werden muss. (Siehe auch Antwort zu Aufgabe 41.)

31 Die **strategische Preispolitik** umfasst alle Entscheidungen im Hinblick auf das vom Kunden für ein Produkt zu entrichtende Entgelt. In der Tourismusbranche erfolgt häufig die Preisbestimmung nach nachfrageorientierten, kostenorientierten sowie wettbewerbsorientierten Gesichtspunkten. Neben den vier Grundmodellen Hoch-, Niedrig-, Marktpreispolitik und Preisdifferenzierung inkl. *Yield-Management* wäre auch folgender Ansatz denkbar:
– Die Preisfestsetzung orientiert sich an der Zahlungsbereitschaft der Kunden und nicht an den Kosten der Leistungserstellung (Beispiel: Flugtickets *Economy*, *Business*, *First Class*).
– Verschiedene Produkte werden zu einem „Bündel" zusammengefasst (Preisbündelung) und zu einem Paketpreis angeboten, der günstiger ist, als die Summe der Einzelpreise. (Beispiele: Pauschalreise, *all-inclusive*-Preise).
– Der Preis variiert nach Verbrauch, Größe, Leistung und Attraktivität des Kunden für den Lieferanten. (Beispiele: Bonusprogramme, wie *Miles & More*, BahnCard).

32 Das *Yield-Management* (Ertragsmanagement) ist ein Instrument der strategischen Preispolitik zur Ertragsoptimierung, das insbesondere in der Hotellerie-Branche und von Fluggesellschaften eingesetzt wird. Ziel ist es, dass die vorhandenen, zeitlich beschränkten Kapazitäten, immer den höchstmöglichen Zimmer- oder Sitzplatzertrag erbringen. Daraus folgt ein ständiges Steuern der Nachfrage über den Preis. Zum Beispiel werden Pauschalreisen mit Frühbucher-Rabatt verkauft, um durch die Frühbucher Gewissheit über den Auslastungsgrad zu erhalten.
Das *Yield-Management* bedient sich Daten über das Buchungsverhalten der Vergangenheit sowie des aktuelles Tagesgeschehens und berücksichtigt die künftige Marktentwicklung. Ein funktionierendes Ertragsmanagement schafft eine gleichmäßige Auslastung der Kapazitäten auch bei stark schwankender Nachfrage.

33 Schülerspezifische Antwort.
Kernfrage: Wie geht es mit mir nach der Ausbildung weiter?

34 Schülerspezifische Antwort.
Lösungsbeispiel **Chancen-Risiken-Analyse für das Urlaubsland Türkei**:

Chancen (mögliche Angebotserweiterungen)	Risiken
Taurusgebirge per pedes entdecken, Wanderkreuzfahrten entlang der Ägäisküste, Paulusweg – Trekking mit allen Sinnen, organisierte Tour Lykischer Wanderweg, bessere Absprache und Koordination der Kommunen untereinander im Hinblick auf Hotelneubauten und touristische Freizeitangebote	überproportionales Wachstum von Urlaubern aus den ehemaligen Ostblockstaaten, Image das „billige" Urlaubsland (entsprechend sind die Gäste), weitere Zunahme von Hotels und Klubanlagen, die mit anderen Destinationen austauschbar sind, es fehlt das „Typische", Verlegung der eigenen Kultur

Beispiele für den Verlust der eigenen Identität:
„Die Ägäis – die westlichste Art Asien kennenzulernen."
„Bodrum – das türkische Ibiza."

35 Schülerspezifische Antwort.
Hinweis: Für den Unterricht ist es auch möglich eine spezielle Region oder Stadt im Schwarzwald herauszugreifen.
Lösungsbeispiele zur **Erläuterung der S-W-O-T-Analyse**:
(Anmerkung: Die Beispiele sind bewusst allgemein gehalten und erheben keinen Anspruch auf Vollständigkeit. Sie stützen sich z. T. auf eigene Erfahrungen und sind somit nicht repräsentativ.)
Stärken (S = Strenght)
Der Schwarzwald deckt ein weites touristisches Themenfeld ab.
Beispiele: Wandern, *Mountainbiking*, *Wellness*, Essen und Trinken, Sommer und Winter, Kinder willkommen, Sport aktiv, Natur und Kultur erleben, lebendige Traditionen
Schwächen (W = Weakness)
Beispiele: Ablehnung des zunehmenden Globalisierungstrends und der Kooperation zwischen „Tourismusanbietern"
Chancen (O = Opportunity)
Beispiele: wachsendes Gästepotenzial u. a. durch Naturinteresse, Kurzurlaube, Altersentwicklung (demografische Entwicklung) der Bevölkerung, höhere regionale Wertschöpfung durch den Tourismus, Impulse für eine nachhaltige Regionalentwicklung, Dreiländereck Deutschland, Frankreich und Schweiz
Risiken (T = Threats)
Beispiele: Subventionsstopp für Bäder und Museen, Vereinheitlichung und Austauschbarkeit von Tourismusprodukten, abnehmendes Interesse an durchschnittlichen Unterkünften, wie Privatzimmern, Pensionen und wenig komfortablen Hotels

36 Schülerspezifische Antwort.
Lösungsbeispiele für eine **Stärken-Schwächen-Analyse** für Berlin
(Anmerkung: Die Beispiele sind bewusst allgemein gehalten und erheben keinen Anspruch auf Vollständigkeit. Sie stützen sich z. T. auf eigene Erfahrungen und sind somit nicht repräsentativ. Aus diesem Grund fehlt die für die Praxis wesentliche Beurteilung der Stärken und Schwächen nach Schulnoten.)

Stärken	Beurteilung
– Berlin lässt sich verkehrsmäßig gut erreichen und bietet Unterkünfte für jeden Geldbeutel. – Kinder und Familien, junge Leute, Erwachsene (ab 18), Schwule und Lesben, Senioren, Behinderte, Geschäftsreisende und Tagungsteilnehmer – Berlin ist für alle da. – Berlin setzt die neuesten Trends in *Lifestyle*, Nachtleben, Musik und Kunst, in Architektur, Mode und Design. – Berlin pflegt die Stadt und ihre großen Traditionen mit herausragenden Museen, Orchestern und Bühnen. – Berlin ist Ort der Geschichte. – Berlin lässt sich erleben.	(je Punkt sehr gut bis mangelhaft oder 1 bis 5)
Schwächen	**Beurteilung**
– Berlin ist überschuldet, Subventionen für kulturelle Veranstaltungen sind nicht sicher. – Berlin braucht ein besseres Image, das Menschen und Unternehmen anspricht und das Interesse für die Hauptstadt weckt. – Berlin wird auch mit negativen Assoziationen, wie Dreck, Baustellen und Verkehrschaos verbunden.	(s. o.)

37 Die **Marktsegmentierung** erfolgt häufig aufgrund geografischer, soziodemografischer, psychografischer und verhaltensbezogener Kriterien. Ziel ist es, einen möglichst hohen Grad an Übereinstimmung zwischen dem Leistungsangebot und den Bedürfnissen der ausgewählten Käufergruppe durch eine differenzierte Marktbearbeitung zu erreichen.

38 Möglichkeiten der Marktsegmentierung sind:
- geografisch: Land oder Region, ländliches oder städtisches Wohngebiet
- demografisch: Alter, Geschlecht, Familienstand, Einkommen, Berufsgruppe, Bildung, Religion, Nationalität, ethnische Zugehörigkeit
- psychografisch: sozialer Status, *Lifestyle-Typ*, Persönlichkeitstyp
- verhaltensbezogen: Intensität der Produktnutzung, Markenloyalität, Nutzungsgewohnheiten

39 Die **Marktsegmentierung** basiert auf der Tatsache, dass die Käufer einer touristischen Leistung als Gruppe nicht homogen sind. Jeder Käufer hat individuelle Bedürfnisse, Präferenzen, Kaufgewohnheiten usw. Deshalb ist es nur in Ausnahmefällen möglich, die einzelnen Charakteristika eines jeden Kunden im Marketing zu berücksichtigen.

Die **Marktsegmente** werden anhand einzelner Variablen, die Käufer gemeinsam haben, in der Weise gebildet, dass die Unterschiede zwischen allen Mitgliedern eines Segmentes möglichst gering sind. Die Gemeinsamkeiten ermöglichen eine **kundenorientierte Marktsegmentierung** und einen gezielten Einsatz des *Marketingmix*.

40 Konzentriertes Marketing basiert auf der Grundidee, auf ein oder zwei Marktsegmenten große Marktanteile zu erringen, anstatt auf großen Märkten kleine Marktanteile zu erreichen. Durch die Spezialisierung entsteht ein qualifiziertes, touristisches *Know-how* in ein- oder zwei Marktnischen.

Vorteile	Nachteile
– wenn die finanziellen Mittel eines Unternehmens beschränkt sind – gezielter Einsatz der Marketinginstrumente – bessere Befriedigung der Käuferbedürfnisse	– starke Umsatzeinbußen bei Änderung des Nachfrageverhaltens – dauerhafte Kundenbindung über alle Entwicklungsphasen des Kunden i. d. R. nicht möglich

Im Rahmen des **differenzierten Marketing** werden gesonderte Angebote für jedes ausgesuchte Zielsegment entwickelt.

Vorteile	Nachteile
– schafft meist mehr Umsatz und Gewinn als undifferenziertes Marketing – erlaubt bestimmte Premiumsegmente zu entwickeln, in denen ein höheres Preisniveau von den Kunden akzeptiert wird	– Substitutionseffekte zwischen den Marken im eigenen Sortiment – breitere Angebotspalette verursacht höhere Marketingkosten

Zusatzaufgaben DVD (Aufgaben zu Kapitel 2)

41 Schülerspezifische Antwort

Lösungsbeispiele:Flug
Die Grundidee des Konzepts besteht darin, die Sitzkapazitäten eines Flugzeugs in einzelne Kontingente (z. B. begrenzte Anzahl an Plätzen zu 50,00 €, 75,00 € und 100,00 €) aufzuteilen und an verschiedene Kundensegmente zu verkaufen.

Situation **ohne** Yield-Management:	Situation **mit** Yield-Management:
40 Fluggäste zu 50,00 € 40 Fluggäste zu 75,00 € 20 Fluggäste zu 100,00 € **= 7.000,00 €**	35 Fluggäste zu 50,00 € 40 Fluggäste zu 75,00 € 25 Fluggäste zu 100,00 € **= 7.250,00 €**

Weitere Beispiele: Airline gibt 10 Plätze für 5,00 € frei und 25 zum halben Preis. Wer zuerst kommt, bekommt den billigsten noch verfügbaren Tarif– nach außen sieht es so aus, als würden die Preise mit der Zeit steigen.

Lösungsbeispiel: Hotelgewerbe
Das Angebot wird kontingentiert – beispielsweise sieht man für einen bestimmten Zeitraum 40 von 200 Hotelzimmern für reduzierte Preise vor und verkauft den Rest zum normalen Tarif. Ist dieses Kontingent aufgebraucht, so ist der entsprechende Tarif nicht mehr verfügbar.

Zusatzinfo: Funktionsweise
1. Infrastruktur, Kundensegmente, Auslastungsschwankungen, Marktentwicklungen und Preisuntergrenzen des Hotels analysieren
2. Zimmerkapazitäten kontingentieren und die Angebotspreise für die einzelnen Kontingente für eine Saison oder ein Jahr planen, ggf. nachjustieren

Lösungsbeispiel: Autovermietung
Preissegmentierung über
- Fahrzeuggruppen (Kleinwagen/ Mittelklasse/ Premiumklasse)
- Mietdauern (Tag/ Woche/ Dauermieter)
- Preislisten (Geschäftskunden)

Lösungsbeispiel: Bahn
Preissegmentierung über
- Nutzungshäufigkeit (Tages- und Mehrtageskarten)
- Personen (Erwachsene, Kinder, Jugendliche, Auszubildende, Studenten, Senioren)
- Zeit (Winter/ Sommer oder vormittags/ nachmittags/ abends)

Auch sind Kombinationen denkbar, z. B. Mehrtageskarte für Jugendliche

42 Schülerspezifische Antworten.
Marktdurchdringung
Mit gezieltem *Marketingmix* wird eine bereits im Leistungssortiment befindliche touristische Leistung unter Beibehaltung der Zielgruppe spezifisch gefördert, z. B. durch Preisnachlässe, erhöhten Werbeeinsatz.
Markterschließung
Mit gezieltem *Marketingmix* wird eine bereits im Leistungssortiment befindliche touristische Leistung für neue Zielgruppen geöffnet, z. B. durch Preisnachlässe, erhöhten Werbeeinsatz.
Produktentwicklung
Mit gezieltem *Marketingmix* soll eine im Leistungssortiment neue touristische Leistung für bestehende Zielgruppen attraktiver werden, z. B. Schaffung von Premiumprodukten.
Diversifikation
Mit gezieltem *Marketingmix* soll die bisherige Sortimentsbreite touristischer Leistungen (vertikale, horizontale, laterale) erweitert werden, z. B. „Blaue Reise" zuzüglich Wanderreise an der Lykischen Küste.

43 Schülerspezifische Antwort.
Hinweis: Es müssen die Vorteile für die gewählten Strategien der **Marktattraktivitäts-Wettbewerbsvorteils-Matrix** (vgl. S. 471) begründet werden. Die Strategien ergeben sich aus den horizontalen und vertikalen Feldzuweisungen. Beispiel: höherwertige Qualität/„teurer" Preis – Strategie stellt Qualität in den Vordergrund usw.

44 Schülerspezifische Antwort.
Lösungsbeispiel: Es sind in der **Marktattraktivitäts-Wettbewerbsvorteil-Matrix** zu ergänzen:

ebenso gut	Prinzip Hoffnung	Pattstrategie
schlechter	Verliererstrategie	Prinzip Hoffnung
	teuer	gleich teuer

Fragestellung: Unter welchen Marktgegebenheiten ist ein solches Verhalten akzeptabel?
Eine sogenannte Pattstrategie verfolgen Reisemittler, die alle Pauschalreisen eines Veranstalters anbieten vielfach, denn hier müssen zusätzlich z. B. persönliche Präferenzen geschaffen werden.

45 Die **Nielsen-Regional-Strukturen** werden als Hilfsmittel für die Planung und Durchführung von Marktforschung und Werbung verwendet, weil sich innerhalb eines „Nielsengebietes" das Verbraucherverhalten ähnelt.

46 Schülerspezifische Antwort.
Lösungsbeispiele:
- **vorgegebene (sachliche) Präferenzen**: Kunde ist mit einem Reiseveranstalter zufrieden und bucht nur seine Produkte, bessere technische Ausstattung eines Produkts, Garantieleistungen des Herstellers, bei gleichem Nutzen entscheidet der Preis für den Kauf, Naturvielfalt.
- **künstliche (persönliche) Präferenzen**: Marken, Image, Geselligkeit und Abenteuer, Unterhaltungsangebote, Vergnügungsformen, der Kunde bucht immer im selben Reisebüro, weil der Inhaber ihm bekannt oder sympathisch ist, freundliche Bedienung.

47 Ein **Markenurlauber** sieht seine *Präferenzen* (Vorlieben) durch die Wahl einer bestimmten Marke als gesichert an. Er wird demnach auch als *„Präferenz*urlauber" bezeichnet.
Beispiel: Robinson Club – eine der bekanntesten Klubhotelmarken
Präferenzen: Spaß und Sport, ein Schuss Eleganz, feiner Lebensstil, die Erholung im *Wellness-Center*, Urlaub mit Leichtigkeit, nette Leute treffen, fantastische Büffets genießen, tolle Animation.

48 Schülerspezifische Antwort.
Lösungsbeispiele:
Der **Umsatz im Marktsegment** „*Cruiselines*" soll für die Sommersaison um 10 % gesteigert werden. Für die **touristischen Marktsegmente** „Seniorentourismus" und „Gesundheitstourismus" wird ein neuer Mitarbeiter eingestellt, der im Geschäftsjahr einen Umsatz von 1,2 Mio € erzielen soll.

49 Schülerspezifische Antwort.
Lösungsbeispiele: Gewinn erzielen, expandieren, eigene Reisen anbieten usw.

50 Schülerspezifische Antwort. Lösungshinweis:
LOHAS-Reisen bietet ca. 100 Reiseveranstalter mit einer Vielzahl ökologischer Reisen zu allen nur denkbaren Schwerpunkten im Bereich des „anderen Reisens" an, die zudem hohe Nachhaltigkeitsstandards einhalten müssen. Dabei handelt es sich um sanftes Reisen, auf Nachhaltigkeit aufgebauten Tourismus. Die Veranstalter streben eine Tourismusform an, die langfristig ökologisch tragbar, wirtschaftlich machbar sowie ethisch und sozial gerecht für ortsansässige Gemeinschaften sein soll (nachhaltiger Tourismus).

51 Schülerspezifische Antwort.

a) **Ausgangsüberlegung:** Wie bringe ich die *Poor dogs* (Geschäftsfelder Bahn und Eigenveranstaltung) wieder zum Laufen? Die vier klassischen Marketinginstrumente sollten (müssen aber nicht) zum Einsatz kommen.
Dann ist eine Entscheidung zu treffen, was aus ihnen werden soll (z. B. *Stars?*) usw. Je nach angestrebter Stellung im Matrixfeld sind entsprechende Strategien zu formulieren.

b) Schülerspezifische Antwort.

c) Eine solche Tabelle könnte entstehen:

Strategien	*Questionmarks*	*Stars*	*Cash cows*	*Poor dogs*
Marketingstrategie	Kundenzufriedenheit zu erschwinglichen Preisen			
Produktpolitik	durch Komplementärgüter ergänzen			
Marktanteile	ausbauen			
Preispolitik	diversifizieren			
Vertriebspolitik	*Counter* und Internet			
Risikobereitschaft	gering			
Investitionen/ Desinvestitionen	investieren			

S. 502 (Aufgaben zu Kapitel 3)

1 a) falsche Aussage; der **Reiseveranstalter** muss dies begründen und hat hierzu nur ein spezielles Zeitfenster (vgl. § 651 a BGB).

b) falsche Aussage; der **Reiseveranstalter** darf den Reisenden nicht schlechter stellen als das Gesetz (vgl. § 651c BGB),

c) falsche Aussage; die **Verjährungspflicht für Reisemängel** beträgt i. d. R. zwei Jahre (vgl. § 651 g BGB).

2 Er zählt zur Gruppe der Werkverträge. Der Unternehmer schuldet dem Besteller die erfolgreiche Herstellung eines Werkes. Beim Reisevertrag versteht man unter der Herstellung eines Werkes: die erfolgreiche Planung und Durchführung der gebuchten Reise.

3 Eine Preiserhöhung durch den Veranstalter ist nur möglich innerhalb von vier Monaten nach Vertragsabschluss und bis spätestens 21 Tage vor Reisebeginn.

4 Schülerspezfische Antwort.
Lösungshilfe: Die **wesentlichen Inhalte** sind (gekürzt nach HGB):
HGB § 84 – Handelsvertreter ist, wer selbstständig betraut ist, für andere Unternehmer Geschäfte zu vermitteln.

HGB § 86 – Der Handelsvertreter hat sich um den Abschluss von Geschäften zu bemühen. Der Unternehmer hat den Handelsvertreter zur Ausübung seiner Tätigkeit mit erforderlichen Unterlagen zu unterstützen.

HGB § 87 – Der Handelsvertreter hat Anspruch auf Provision für alle abgeschlossenen Geschäfte.

HGB § 89 – Das Vertragsverhältnis kann im ersten Jahr mit einer Frist von einem Monat, im zweiten Jahr mit einer Frist von zwei Monaten und vom dritten bis zu fünften Jahr mit einer Frist von sechs Monaten gekündigt werden. Zudem kann das Vertragsverhältnis aus wichtigem Grund jederzeit von beiden gekündigt werden.

HGB § 90 – Der Handelsvertreter darf Geschäfts- und Betriebsgeheimnisse nicht verwerten oder anderen mitteilen. Eine Beschränkung der gewerblichen Tätigkeit nach Beendigung des Vertragsverhältnisses zwischen Unternehmer und Handelsvertreter kann für maximal zwei Jahre vereinbart werden.

5 Schülerspezifische Antwort.
Lösungshilfe: Das Reisevertragsrecht regelt genau die Rechte und Pflichten der Vertragsparteien. (Ein Reisevertrag in der Fassung vom 02. Januar 2002 finden Sie auf der DVD.)

6 Der Veranstalter kann – ohne die Angabe von Gründen – den Wunsch des Kunden nach einer Umbuchung ablehnen, wenn sie einen der genannten Punkte betrifft. Das heißt, dass dem Kunden nur die Möglichkeit bleibt, die Reise zu stornieren (Rücktritt vom Vertrag) und damit auf einen Teil der Rückerstattung des Reisepreises nach der Stornostaffel zu verzichten.

7 Das Angebot des Veranstalters geht erheblich über die gesetzlichen Erfordernisse hinaus. Im allgemeinen ist der örtliche Vertreter des Veranstalters zwar berechtigt, eine Reklamation anzuerkennen und Abhilfe anzubieten, um den Mangel zu beseitigen. Kann aber keine Einigung erzielt werden wie in Situation 2 (Vgl. DVD, Zusatzinformationen zu Kap. 3.4.5) beschrieben, so sieht das Reiserecht vor, dass die Ansprüche erst nach der Heimkehr geklärt werden können. TUI bietet für diesen Fall eine Minderung bereits vor Ort an. Mit „ZAK" wird die Reklamationsbearbeitung erheblich rationalisiert und der Verwaltungsaufwand eingeschränkt, denn der Kunde kann natürlich nachträglich keine weiteren Ansprüche geltend machen. Gleichzeitig handelt es sich bei dieser Kulanzregelung vor Ort um eine geschickte Marketingmaßnahme, die die Kundenzufriedenheit erhöht.

8 Bei Flugpauschalreisen erhält der Kunde die Möglichkeit, am Zielort seine Reise ohne finanziellen Nachteile zu stornieren (Rücktritt vom Vertrag) und kostenlos nach Hause zu fliegen, wenn folgende Voraussetzungen zutreffen:
– der Reise fehlt eine zugesicherte Eigenschaft
– der Mangel kann innerhalb von 24 Stunden nicht behoben werden

Auch hier handelt es sich um eine Kulanzregelung, die über die Ansprüche aus Reiserecht hinausgeht. TUI verzichtet zusätzlich auf alle Entschädigungen für bereits erbrachte Reiseleistungen. Allerdings verliert der Kunde seine Ansprüche auf Schadenersatz wegen Nichterfüllung und entgangener Urlaubsfreuden, da er ja vor Ort zugestimmt hat, keine weiteren Forderungen zu stellen, selbst wenn ihm das nicht bewußt wurde. Rücktritt vom Vertrag bedeutet eben, dass beide Parteien rechtlich so gestellt werden, als ob kein Vertrag existiert hätte.

9 Es dient der Beweissicherung und kann vor Gericht als Beweismittel verwertet werden. Denn es trägt die Unterschrift beider streitenden Parteien, Veranstalter und Kunde.

10 Am 7. Oktober des gleichen Jahres um Mitternacht

11 Solange Veranstalter und Reisender über die Berechtigung/Nichtberechtigung des Schadens noch miteinander verhandeln, ruht die Verjährungsfrist. Um diesen Zeitraum wird dann die Verjährungsfrist verlängert. Damit soll verhindert werden, dass sich der Veranstalter, wenn er die Ansprüche äußerst schleppend bearbeitet, aus der Verantwortung stehlen kann, weil der Reisende erst nach Ablauf eines Jahres das zuständige Gericht bemüht.

12 2.577,00 Euro

13 29. 05 – 20.06. = 22 Tage vor Reiseantritt; dies entspricht Stornogebühren von 35 % = 1.267,00 Euro. Der Veranstalter zahlt Frau Zimmermann 2.353,00 Euro zurück.

14 Nein. Eine Kündigung ist eine einseitige, empfangsbedürftige Willenserklärung. Das heißt, dass sie erst wirksam wird, wenn sie beim Veranstalter eingegangen ist, also am 29. Mai.

15 Nein. Mit dem Auftreten der Quallenplage konnte der Kunde rechnen. Sie war – mit einer gewissen Wahrscheinlichkeit – vorhersehbar. Der Reisende musste sich dessen bei Buchung der Reise bewusst sein. Natürlich handelt es sich um ein Ereignis, das vom Veranstalter nicht abgewendet werden kann. Entscheidend ist jedoch die Prüfung, ob die Quallenplage zu einer erheblichen Beeinträchtigung der Reise führt. Dies ist aus verschiedenen Gründen (Pool, andere quallenfreie Strände, zeitweiliges Auftreten der Plage) nicht gegeben.

16 Vorteile: risikofreie Buchung des Winterurlaubs und Wegfall der Umbuchungsgebühr
Nachteile: Wegfall der Frühbuchervorteile bei Umbuchung, kein Rücktritt vom Vertrag, Buchung zu tagesaktuellen Preisen

17 Schülerspezifische Antwort.
Lösungsbeispiel **Voraussetzungen für eine Mängelrüge** im Reiseverkehr:
Maßgeblich für die vertraglichen Verpflichtungen des Reiseveranstalters sind die Angaben in dem der Buchung zugrunde gelegten Prospekt.
Bestehen Abweichungen am Urlaubsort, so müssen die Mängel sofort bei der Reiseleitung vor Ort oder bei der Zentrale des Reiseveranstalters in Deutschland gerügt werden. Es muss unter Setzung einer angemessenen Frist Abhilfe verlangt werden.
Der Reisende muss selbst Beweise sichern, z. B. durch Namhaftmachen von Mitreisenden als Zeugen und gegebenenfalls durch Fotografieren der Mängel.
Er muss sich von der Reiseleitung ein Mängelprotokoll unterzeichnen lassen.
Der Reisende muss eine ihm angebotene Ersatzleistung annehmen, wenn diese für ihn zumutbar ist und die Abhilfe keine vertragswidrige Leistungsänderung darstellt. Die Kosten der Abhilfemaßnahmen (Umzugs-, Hotel-, Taxi-, Transport- und Telefonkosten) hat der Veranstalter zu tragen.
Nach Ablauf der gesetzten Frist zur Abhilfe kann der Reisende bei gravierenden Mängeln auch zur Selbstabhilfe greifen und Ersatz der dafür notwendigen Aufwendungen verlangen.
Der Reisende muss die Ansprüche aus dem Urlaub bei der Hauptverwaltung des Veranstalters binnen eines Monats nach Rückkehr anmelden.
In der Anspruchsanmeldung müssen alle Beanstandungen angeführt sein, der Reisende muss definitiv verlangen, dass ein Teil des Reisepreises oder – je nach Schwere der Mängel – der gesamte Reisepreis und gegebenenfalls Schadensersatz wegen nutzlos aufgewendeter Urlaubszeit geltend gemacht wird.

18 Schülerspezifische Antwort.
Lösungshilfe: § 651 f des Reisevertragsrechtes regelt den **Anspruch auf Schadenersatz** eines Pauschalreisenden:
(1) Der Reisende kann unbeschadet der Minderung oder der Kündigung Schadensersatz wegen Nichterfüllung verlangen, es sei denn, der Mangel der Reise beruht auf einem Umstand, den der Reiseveranstalter nicht zu vertreten hat.
(2) Wird die Reise vereitelt oder erheblich beeinträchtigt, so kann der Reisende auch wegen nutzlos aufgewendeter Urlaubszeit eine angemessene Entschädigung in Geld verlangen.

19 Schülerspezifische Antwort.
Beispiele aus der „Frankfurter Tabelle", die einer **Nicht-rechtzeitig-Lieferung** (einem Lieferungsverzug) gleichkommen: Abweichung vom gebuchten Objekt, abweichende Art des Zimmers, vollkommener Serviceausfall, zeitlich verschobener Abflug.

20 Schülerspezifische Antworten; die ausgesuchten jeweiligen Beispiele sind für die **Reisepreisminderung** entscheidend:
a) Ausfall einer Stadtführung bei Städtereise: 25 %
b) Vergewaltigung durch Hotelangestellten: 100 %, zzgl. Schadensersatz
c) Zusicherung in Buchungsbestätigung: 5 %, gleicher Standard 0 %
d) Baustelle neben Hotel: 25 % (Veranstalter: keine Störungen durch Baustelle), Renovierungsarbeiten im Hotel/Zimmer: 20 %
e) Umfeldrisiko: 0 %
f) Normales Hotel statt Clubanlage: 40 %

21 Durch die **verpflichtenden Prospektangaben** sind dem Verbraucher die Reiseumstände, zu denen sich der Reiseveranstalter vertraglich verpflichtet, bekannt. Sie schützen daher beide Vertragspartner vor unberechtigten Regressansprüchen.

22 Schülerspezifische Antwort.
Ein Abdruck der **BGB-InfoV** finden Sie auf der DVD.

Zusatzaufgaben DVD (Aufgaben zu Kapitel 3)

23 Teilnehmer von Studienreisen erwarten mit Recht, dass die Gruppe eine bestimmte Größe nicht überschreitet, weil sie dann den Ausführungen des Guide kaum noch folgen können bzw. bei Besichtigungen ungewöhnlich lange warten müssen und möglicherweise den Anschluss verpassen. Lehrern und Schülern dürfte dieses Problem von Klassenfahrten her bestens vertraut sein. Sollte der Veranstalter die Höchstteilnehmerzahl überschreiten, hat der Kunde die Möglichkeit zum kostenfreien Rücktritt vom Vertrag, weil der Reise eine zugesicherte Eigenschaft fehlt.

24 Aufgrund § 651 k BGB ist jeder Reiseveranstalter verpflichtet, durch Aushändigung eines **Sicherungsscheines** den Pauschaltouristen gegenüber nachzuweisen, dass er im Insolvenzfall die Rückerstattung des Kaufpreises und die Rückkehr der Reisenden sichergestellt hat. Damit soll vermieden werden, dass Pauschalreisende wegen Insolvenz des Reiseveranstalters keinen Rücktransport haben oder nur durch entsprechende Mehrkosten.

25 Der Kunde zahlt den Preis seiner Pauschalreise bevor die Leistung vom Reiseveranstalter erbracht wird (Vorauskasse). Dies ist praxisüblich. Wenn ein Reiseveranstalter gezwungen ist, Insolvenz anzumelden, also zahlungsunfähig wird, verlieren seine Kunden ihren Leistungsanspruch. Aus Gründen des Verbraucherschutzes hat der Gesetzgeber daher das Instrument der Kundengeldabsicherung geschaffen. Es garantiert entweder die Rückzahlung des Reisepreises, wenn die Reise noch nicht angetreten wurde, oder aber eine anteilige Kürzung des Reisepreises und die Sicherstellung der Heimreise, wenn die Reise bereits angetreten wurde.
Rein theoretisch kann der Reiseveranstalter auf die Ausstellung der Sicherungsscheine verzichten. Er muss dann jedoch bereit sein, den Reisepreis nach Beendigung der Reise zu fordern.

26 Notwendige Aufwendungen für die Rückreise, Mehrkosten, die mit der Rückreise verbunden sind, Zahlungen für bereits erbrachte Leistungen (Auslöse), anteilige Rückzahlung des Reisepreises (Urlaubstage nach Reiseabbruch)

27 Vgl. Schülerbuch S. 495 f.

28 Einkaufspreise plus Marge (eigene Gemeinkosten + Gewinn).
Die Marge ist auch abhängig von der Konkurrenz, denn falls die eigenen Preise höher sind, hat er ein Absatzproblem. Eine weitere Unsicherheit ist der Umrechnungskurs mit dem die in Fremdwährung eingekauften Leistungen kalkuliert werden.

29 Schülerspezifische Antwort.
Die Aufgabe bezieht sich auf Schüler/innen, deren Ausbildungsbetrieb ein Veranstalter ist. Die im Kapitel 3.6 beschriebenen Abteilungen eines Reiseveranstalters (Produktmanagement, Hoteleinkauf, Marketingabteilung, Vertrieb, Produkt-Serviceteam, Serviceschalter) und deren Aufgaben sind nur beispielhaft bzw. typisch für einen bestimmten Veranstalter. Hier wäre es interessant zu erfahren, wie andere Veranstalter die verschiedenen Aufgabenbereiche auf welche Abteilungen ,zuschneiden'. Ist z. B. Hotel- und Flugeinkauf eine eigene Abteilung oder wird es vom Produktmanagement mit erledigt? Wie werden bei kleinen Veranstaltern die verschiedenen Aufgabenbereiche aufgeteilt?

30 Schülerspezifische Antwort
Z. B.:
  – Produkt- und Verkaufsschulungen
  – Verkaufswettbewerbe (Prämien für Verkäufer)
  – Info-Material, Prospekte
  – Expedienten-Rabatt
  – Inforeisen und Produkt-Erfahrungs-Programme (PEP)
  – Deko-Material, Werbekostenzuschüsse, DVD's
  – Superprovision

31 In erster Linie von den Kosten (abhängig vom Volumen der Gäste im Zielgebiet).
Auch davon, ob im Zielgebiet die einzukaufenden Leistungen den qualitativen Ansprüchen des Veranstalters genügen.

32 Veranstalter: Kontingent-/Allotmentvertrag
Hotel: Garantievertrag

33 **Flugtage:** Einkauf der Hotelbetten, bzw. Absatzrisiko der eingekauften Betten, An-/Abreisetag ist abhängig von der Flugfrequenz
Fluggerät: Alter, Anzahl und Größe der Maschinen haben Einfluss auf Qualitätsmaßstäbe und Flexibilität im Geschäftsbetrieb
Abflug-/Ankunftszeiten: Organisation der Ab-/Anreise am Zielort
Streckenführung: mehrere Abflughäfen oder Zubringerflüge notwendig, kurze oder lange Transferzeiten im Zielgebiet

34 Die Möglichkeit, eingekaufte Leistungen an Dritte weiter zu verkaufen.

35 – Durchführung der Transfers vom Flughafen in die Hotels
 – Betreuung der Gäste (Reiseleitung), Ansprechpartner bei Reklamationen
 – Organisation und Verkauf von Ausflügen
 – Vermittlung von Mietwagen

Lernfeld 10

S. 510 (Aufgaben zu Kapitel 1)

1   Der **Urlaub im „heimischen" Garten** stellt die schonendste Form im Umgang mit den Produktionsfaktoren dar, denn es werden die wenigsten Ressourcen verbraucht.

2   **Tourismuswachstum** ist dort möglich, wo er maßvolle Auswirkungen auf die Umwelt (Produktionsfaktor Boden) hat und gleichzeitig für die betroffene Region die gewünschten wirtschaftlichen Effekte (Produktionsfaktoren Arbeit und Kapital) mit sich bringt.
    Die **Grenzen des Tourismus** sind dort, wo er durch die ökologischen Belastungen (Produktionsfaktor Boden) und sozialen Belastungen (Produktionsfaktor Arbeit) die Grenzen der Nachhaltigkeit überschreitet.

3   Die gesamte **Natur ist der wichtigste Produktionsfaktor** für den Tourismus. Nur ein nachhaltiger Umgang mit ihr macht Tourismus heute und in Zukunft möglich.

4   Der Wettbewerbsvorteil der **fortgeschrittenen Volkswirtschaften** im globalen Wettbewerb liegt im Erbringen wissensintensiver Dienstleistungen, die nur unter den genannten Aspekten (Tarifautonomie, Bildung, Umweltschutz, politische Stabilität) erbracht werden können.

5   Schülerspezifische Antworten.
    Lösungshinweis: Die Begriffe soziale, ökonomische und ökologische Verantwortung sind nicht isoliert zu sehen, sondern kommen in der *Corporate Social Responsibility* **(CSR)** eines Unternehmens zum Ausdruck. CSR steht für eine Unternehmenskultur, bei der Unternehmen nicht nur dafür verantwortlich sind, Gewinne zu erwirtschaften, sondern auch dafür, unter welchen Prämissen diese Gewinne zustande kommen. Demnach sollen Unternehmen ihre Wertschöpfungskette nicht nur nach ökonomischen Kriterien, sondern auch nach sozialen und ökologischen Prinzipien organisieren und ihre Beziehungen zu Mitarbeitenden, Kunden, Zulieferern, Nachbarn und anderen Interessengruppen pflegen. CSR ist ein Konzept gesellschaftlicher Verantwortung von Unternehmen, das die Aspekte der Nachhaltigkeit aufnimmt und sich auf die drei Säulen Wirtschaft, Soziales und Umwelt stützt.
    Beispiele für Veranstalter mit sozialem Gewissen:
    „Sozial verantwortlich handeln bedeutet nicht nur, die gesetzlichen Bestimmungen einzuhalten, sondern über die bloße Gesetzeskonformität hinaus ‚mehr' in Humankapital, in die Umwelt und in die Beziehungen zu anderen Stakeholdern zu investieren."
    „Sozial verantwortungsvolles Handeln in den Unternehmen betrifft in erster Linie die Investitionen in Humankapital, den Arbeitsschutz und die Bewältigung des Wandels, wie z. B. weitere Arbeitsplätze schaffen, Arbeitsplatzsicherung betreiben, keine Benachteiligung nach Geschlecht, körperlicher oder geistiger Verfassung, Religion usw. zulassen, Mitarbeiterzufriedenheit fördern, Mitarbeiterfortbildung unterstützen, Möglichkeiten bieten, Familie und Arbeit unter „einen Hut" bringen zu können (Betriebskindergärten) usw."
    Beispiele für Veranstalter mit ökonomischem Gewissen:
    „Durch die Einrichtung bzw. Förderung von betrieblicher und privater Altersvorsorge, Altersteilzeit, Beschäftigung schwer behinderter Menschen, einer Betriebskrankenkasse, betrieblicher Gesundheitsförderung, nationaler und auch internationaler Arbeitnehmervertretungen."
    Beispiele für Veranstalter mit ökologischem Gewissen:
    „… Diese besteht darin, mit den in der Produktion verwendeten natürlichen Ressourcen umweltbewusst umzugehen. Dazu zählen bessere Arbeitsbedingungen von Lieferanten/einheimischen Mitarbeitern in der Destination, Einsatz von Naturmaterialien, Vermeidung von Müll und Umweltgiften."
    Weitere Beispiele: Baumpflanzaktionen, Einrichtung von Umweltinformationszentren, Förderung einer Windkraftanlage zur CO_2-Kompensation, geführte Wattwanderungen, Förderung von National- und Naturparks, Energieeffizienz der eingesetzten Flugzeuge erhöhen usw.

6   Schülerspezifische Antworten.
    Beispiele für „asoziales Verhalten" eines Unternehmens:
    – Die Arbeitnehmer werden lediglich als Einsparpotenzial gesehen (Lohndumping und Massenentlassungen) gehören dazu.
    – Die Arbeitnehmer werden als weltweit austauschbares Humankapital betrachtet.
    – Die Belegschaft hat so große Angst vor dem Verlust des Arbeitsplatzes, dass höhere Wochenarbeitszeiten, unbezahlte Überstunden und Lohnkürzungen möglich werden.
    – Das einzige Wohl, das viele Arbeitgeber – vor allem die börsennotierten Unternehmen – noch im Auge haben, ist das Wohl der Geschäftsführung (Vorstand und Aufsichtsrat) und der Aktionäre.

– Fürsorglichkeit für die Allgemeinheit, z. B. durch die Zahlung von Steuern in Deutschland, anstatt im „Steuer-Paradies" (Beispiele: Jungholz in Österreich, Britische Jungferninseln, Monaco, San Marino), ist vielfach aus dem Vokabular der Unternehmenslenker verschwunden.

Zusatzaufgaben DVD (Aufgaben zu Kapitel 1)

7 Schülerspezifische Antwort.
Lösungsbeispiele zur Nachweislichkeit des Trends:
– Umweltfreundliche Hotels werden gekennzeichnet und hervorgehoben, z. B. bei TUI Deutschland als *EcoResort* und TUI Umwelt-Champion und bei Thomson (TUI UK) mit der *Green Medal*.
– In den Katalogen erhalten die Gäste Zusatzinformationen zu Natur und Umwelt der einzelnen Urlaubsregionen, z. B. bei TUI „Urlaub und Umweltverträglichkeit".
– Verweis im Katalog auf den Kundenservice für umweltrelevante Kundenanfragen.
– Katalogangebot an nachhaltigen Reisen nimmt zu.
– Verweis auf „Blaue Flagge" in den Katalogen.
   Die Unternehmenspolitik der Tourismusbranche ist in den zugänglichen Medien zu recherchieren. Speziell bei Veranstaltern, die für **„Ökotourismus"** stehen, können Hinweise, die deren Unternehmenspolitik begründen, gefunden werden (Beispiel: studiosus Reisen unter www.studiosus.com/ Stichwort: Unternehmen)

8 Schülerspezifische Antworten.
Beispiele für Umweltschutzkriterien und touristische Aktivitäten umweltbewusster Veranstalter (u. a. auch für Transportbetriebe und Beherbergungsbetriebe) hat das Umweltbundesamt zusammengestellt und im Internet unter www.umweltbundesamt.de veröffentlicht.
Beispiele: schrittweise Umstellung auf Biodiesel, Verwendung von schadstoff- und lärmarmen Fahrzeugen, ausgestattet mit modernster Umwelttechnik oder Steuerung der Raumtemperatur durch Raumtemperaturfühler, zeitweise Absenkung der Heiztemperatur (z. B. nachts und in nicht belegten Gästezimmern), Einsatz von Bewegungsmeldern zur Erhellung von Fluren, Wärmeisolierung und Wärmerückgewinnung usw.

9 Schülerspezifische Antwort.
Der Mensch muss – auch in der **Verantwortung** für die künftigen Generationen stehend – die natürlichen Lebensgrundlagen schützen.

10 Schülerspezifische Antwort.
Beispiele für **Umweltlinien** können sein:
– Allgemein: kontinuierliche Verbesserung im Umweltschutz, Vermeidung und Verminderung des Ressourcenverbrauchs und von Umweltbelastungen, Aufbau des Umweltmanagements, Umweltrahmenkonzept und Zieldefinition, Durchführung von Verträglichkeitsprüfungen für Tourismusprojekte, Berücksichtigung soziokultureller Belange.
– Hotels: Steigerung der Öko-Effizienz durch Reduzierung des Ressourcenverbrauches im Hotelbetrieb, Nutzung von Abwärme bei Kältemaschinen der Klimaanlagen, Umweltbildung für das Hotelpersonal, Aufbau eines Umweltmanagements, Umweltschutzbeauftragte bestellen, Einheimische als Zulieferer für Tourismusunternehmen stärken durch vermehrten Konsum lokaler Produkte.

11 Schülerspezifische Antwort.
Energiesparende Geräte, Mülltrennung, mit Umweltzeichen ausgestattete Innenraumfarben sind Beispiele **für praktizierten Umweltschutz** in Reisebüro oder Agentur.

12 Schülerspezifische Antwort.
Die **drei Forderungen** bedeuten z. B. für den Verbraucher, dass er auf ökologische Besonderheiten einer Destination hingewiesen wird, dass das gebuchte Hotel anerkannte Umweltstandards einhält und insgesamt nur nachhaltige Dienstleistungen angeboten werden.

13 Schülerspezifische Antwort.
Die Recherche der Schüler/innen sollte ergeben, dass die **„Grüne Flagge"** (Green Star) signalisiert, dass es sich um ein besonders umweltschonendes Schiff handelt; insbesondere: vorbildlicher ökologischer Umgang mit Energie, Wasser und Abfall sowie ein entsprechendes Training der Besatzung und der Information der Passagiere im Hinblick auf nachhaltiges Reisen auf See.

14 Schülerspezifische Antwort.
Der Unterschied zwischen einem **Gütesiegel und einer Marke** besteht in der Bündelung hochwertiger Tourismusangebote als Dachmarke, z. B. im kulinarischen, kulturellen, gesundheitlichen oder umweltorientierten Bereich. Den entsprechenden Anbietern sollen zusätzliche Gäste vermittelt werden. Den Gästen ist eine bestimmte Qualität des Anbieters sicher.
„Viabono"ist z. B. ein Qualitätsversprechen gegenüber den Kunden für ein herausgehobenes touristisches Leistungsangebot derer, die unter der Dachmarke „firmieren" und andererseits ein Wettbewerbsvorteil für die Lizenznehmer, in dem sie sich von anderen touristischen Leistungsträgern, die der Dachmarke nicht angehören, abgrenzen.
Im Gegensatz zu einem Symbol oder Gütesiegel wird hier kein einzelnes Unternehmen prämiert, sondern ein Leistungsversprechen für alle touristischen Unternehmen unter der Dachmarke abgegeben.
Was „Viabono" selbst dazu sagt, kann im Internet unter www.viabono.de Stichpunkt: Philosophie nachgelesen werden.

15 Schülerspezifische Antworten.
a) Beispiele für **Präferenzbildungseigenschaften** von „Viabono":
Bündelung von hochwertigen Reiseangeboten, Glaubwürdigkeit und Transparenz, Qualitätssicherung durch klare Markenkriterien …
b) Beispiele für **Nutzen der lizenzierten Tourismusanbieter:**
Kundenfreundliche und attraktive Präsentation der Partner, Kooperationen mit anderen starken Marken, wie z. B. ADAC, kontinuierliche Berichterstattung in der Fach- und Tagespresse, Präsentation der Philosophie auf Messen, Präsentation im „Viabono"-Internet-Portal, zur Verfügung gestellte Werbematerialien, starke Werbepartner, Beratung und Schulung … Beispiele für **Nutzen der Verbraucher:**
Sicherheit für den Verbraucher unter der Dachmarke touristische Angebote mit qualitativ hohem „natürlichem Genuss", aus vielen touristischen Segmenten (z. B. Wellness, unverfälschte Naturerlebnisse, Erholung für Leib und Seele usw.) zu finden.
c) Beispiele für **Qualitätssicherung** bei „Viabono":
anspruchsvolle Kriterienkataloge, modernes Beschwerdemanagement, Kunde ist zentraler Bestandteil im Managementprozess der Marke …

16 Schülerspezifische Antwort.
Anmerkungen und Zusatzinformation:

Die **World Trade Organisation (WTO)** – zu Deutsch: Welthandelsorganisation – nahm am 01. Januar 1995 ihre Arbeit auf. Sie ist die wichtigste Institution der internationalen Wirtschaftsbeziehungen und schafft verbindliche Regeln für den Handelsverkehr. Freier Welthandel fördert nach der Maxime der WTO das Wirtschaftswachstum und erhöht dadurch den Wohlstand in den Mitgliedstaaten.

In der Präambel zu dem „Allgemeinen Übereinkommen über den Handel mit Dienstleistungen" *(General Agreement on Trade in Services* = GATS) wird ausdrücklich auf die „optimalen Nutzung der weltweiten Ressourcen", also auf das Konzept der nachhaltigen Entwicklung verwiesen.

Die dem Tourismus vorhergesagten Wachstumsraten und seine erwartete weitere Expansion eröffnen damit auch **Chancen** für Arbeitsplätze und volkswirtschaftliche Wohlfahrtseffekte. Auch die große wirtschaftliche Bedeutung des Tourismus darf nicht übersehen werden. In Deutschland hat die Tourismusbranche einen Anteil am BIP von 8 %. Die Zukunft des Tourismus ist durch massives Wachstum gekennzeichnet. Im Zeitraum von 1995–2020 wird es sich nach Prognosen der WTO weltweit verdreifachen; in Europa verdoppeln.

Die Veränderung der Marktteilnehmer (z. B. Tourismusnachfrage ehemalige Ostblockstaaten) und Kundenanforderungen (z. B. Wellness-Trend, Gesundheits-Trend) unterstützen die Dynamik.

Die Statements der Experten und Diskussionsredner stellten zunächst den **hohen Wert des Reisens** für Lebensfreude, Erholung und Bildung heraus, insbesondere auch ihre Bedeutung für ein erfolgreiches Älterwerden. In einer hoch entwickelten Zivilisation habe Reisen zu reizvollen Landschaften und in ursprüngliche Natur psychologisch eine tiefe Berechtigung: Als ein wenigstens temporäres Ausbrechen aus unserer so massiv von Beton, Kunststoffen und Asphalt geprägten künstlichen Welt. **Besorgniserregend** sei dagegen eine Zunahme an ökologischen Schäden, in Ländern der Dritten Welt auch bestimmte soziokulturelle Auswirkungen, wie z. B. steigender Verbrauch fossiler Energieträger, Emission klimarelevanter Substanzen im Verkehr, Verbrauch an Fläche und Landschaft sowie die Zerstörung von Ökosystemen.

Weitere Risiken:
– bei Fernreisen soziokulturelle Gefahren für die einheimische Bevölkerung („Kulturschock", Verlust traditioneller Familienstrukturen und Wertesysteme, Prostitution),
– weiter wachsende neue Destinationen und Nachfragemärkte und damit verschärfte Konkurrenz, die Gefahr von Überkapazitäten, insbesondere in den touristischen Schlüsselbereichen Flugverkehr und Beherbergung, Polarisierung und verstärkte Konzentrationstendenzen bei den touristischen Leistungsanbietern,
– Zunahme „künstlicher" Reise- und Erlebniswelten weltweit und ein Größenwachstum bei touristischen Angeboten und Infrastrukturen (*Mega-Events*, Freizeitparks, Transportsysteme) – mit u. U. negativen ökonomischen, sozialen und ökologischen Perspektiven

S. 529 (Aufgaben zu Kapitel 2)

1 Schülerspezifische Antworten.
Lösungsbeispiele für **Unternehmenszielvereinbarungen:**
– In der kommenden Saison soll die Zielgruppe der anspruchsvollen Erlebnisurlauber, gemessen am Gesamtumsatz, 25 % ausmachen.
– Im Rahmen der Nahstrecken soll der Transfer von Reisenden zugunsten der Bahn um 10 % gesteigert werden.

2 Schülerspezifische Antwort.
Unternehmensabsichten des Ausbildungsbetriebes könnten sein, z. B. Gewinn zu erzielen, den Kundenstamm zu erweitern, die bestehenden Arbeitsplätze zu sichern usw.

3 Schülerspezifische Antwort.
Beiträge zur *Corporate Identity* könnten sein: Nutzung von Firmenbriefpapier, korrekte Kleidung, Anheften von Visitenkarten/Aufkleben von Adressstickern auf den ausgegebenen Katalogen.

4 *Corporate Identity* und *Corporate Image* passen dann nicht zusammen, wenn die beabsichtigte Öffentlichkeitswirkung eines Unternehmens von der Zielgruppe nicht oder anders realisiert wird und ein **differentes Fremdbild** entsteht.

5 Schülerspezifische Ausführung.
Bei dem Entwurf von Briefpapier und Visitenkarten sind zum einen die geltenden DIN-Vorschriften zu beachten, und zum anderen die Grundlagen der Gestaltung, die Begleitelemente und der Gesamteindruck.

6 Schülerspezifische Antworten.
Lösungsbeispiele **Corporate Design von Fluggesellschaften:** Sonderbemalung der Boeing-747-400-Jets bei China Airlines, einheitliche Lackierungen von Air-Berlin-Flugzeugen.

7 Schülerspezifische Antwort.
Beispiele für Verhaltensrichtlinien des **Corporate Behaviour** eines Ausbildungsbetriebes:
„Auftreten und Kleidung der Mitarbeiter passen perfekt zur Position."
„Der Kunde wird generell beim Betreten des Reisebüros mit Handschlag begrüßt und verabschiedet."
„Offenheit und Ehrlichkeit statt Arroganz und Machtspielchen."
„Kein Knoblauch von Sonntag bis Freitag."
„Bei uns zählt Ladies first und nicht die Hierarchie."

8 Schülerspezifische Antwort.
Lösungsbeispiele Imageslogans:
Qualität – „Qualität ist unsere Stärke. Solidarität nehmen wir wörtlich." – Naturreisen e. K.
Service – „Gut, besser, unserer Service."
Verlässlichkeit – „Wenn es um Verlässlichkeit geht – Treue Reisen GmbH."
Erfahrung – „Erfahren Sie Erfahrung. – Busreisen Glücklich e. K."
Sicherheit – „Ihre Sicherheit ist unser erstes Ziel." – Winklers airline AG oder „Mit Sicherheit ans Ziel" – Air Winklers AG.

Zusatzaufgaben DVD (Aufgaben zu Kapitel 2)

9 Schülerspezifische Gruppenergebnisse.
Lösungshinweis: Das Unternehmensleitbild kann z. B. anhand eines **Dreisäulenmodells entwickelt** werden (Vision – Mission – Werte). Den Schülern sind hierzu die folgenden Informationen zu geben:

> **Die Vision**
> **Kernfrage: Welche Entwicklung soll das Unternehmen in Zukunft nehmen?**
> Wohin wollen wir?
> Wie sehen wir uns zukünftig?
> Wo stehen wir in der Zukunft?
> Was wollen wir erreichen?
>
> **Die Mission**
> **Kernfrage: Wofür steht unser Unternehmen am Markt?**
> Wer sind wir?
> Was tun wir?
> Wozu gibt es uns?
> Womit verdienen wir unser Geld?
> Was ist unsere Aufgabe?
> Wie wollen wir am Markt gesehen werden?
>
> **Die Werte**
> **Kernfrage: Worauf können sich alle verlassen?**
> Wie tun wir es?
> Was prägt unser tägliches Handeln?
> Auf welcher Grundlage gehen wir miteinander um?
> Worauf können sich alle Partner verlassen?

10 Schülerspezifische Antwort.
Lösungsbeispiel für **Kommunikationspolitik in der Bereitstellungsstufe**: Werbung, Verkaufsförderung, *Public Relations*.
Lösungsbeispiel für **Kommunikationspolitik in der Ergebnisstufe**: Reklamationsmanagement, *After-Sale-Service*.

11 Schülerspezifische Lösung.
Hinweis: der zu erarbeitende **Radiospot** sollte ein „sprachliches Logo" enthalten, zielgruppenspezifisch sein, Nutzenbrücken aufzeigen usw.

12 Schülerspezifische Lösung.
Hinweis: das **Werbeplakat** sollte ein sprachliches Logo enthalten, Nutzenbrücken aufzeigen, ggf. zielgruppenspezifisch sein und außerdem die AIDA-Formel berücksichtigen

13 Schülerspezifische Lösung.
Hinweise: auch bei der **Auslagengestaltung** sollten die Grundsätze der AIDA-Formel berücksichtigt werden. Gestaltungsprinzip ist ein sinnvolles Gruppieren, Kombinieren und Zusammenfügen von Einzeleinheiten (z. B. von Prospekten, Plakaten, Symbolen und Gegenständen von Reisebausteinen oder *Event*bausteinen) zu einem Ganzen. Die grundsätzliche Wirkung von Farben, Formen und Materialien und die grundsätzliche Wirkung verschiedener Anordnungen sollten bekannt sein oder zuvor erarbeitet werden.

14 Bei **Gewinnspielen** in touristischen Betrieben sollten einige Dinge beachtet werden:
Chancengleichheit der Mitspieler, Gewinne sind unabhängig von einer Reisebuchung, Gewinner des Preises werden aus allen eingegangen, richtigen Lösungen ermittelt, benannte Alterseinschränkung (Volljährigkeit), Einsendeschluss bekannt gegeben, Weg der Benachrichtigung der Gewinner festgelegen

15 Schülerspezifische Antwort.
Die zu berücksichtigenden **Werbegrundsätze** sind im Lehrbuch auf S. 520 abgedruckt.

16 Schülerspezifische Antwort.
Lösungsbeispiele: Hausreisemesse, *Flyer*, Destinationsabende, Gewinnspiele

17 Schülerspezifische Antwort.

Lösungsbeispiel: Marketinginstrumente sind Produktpolitik, Preispolitik, Distributionspolitik und Kommunikationspolitik. Die Kombination der Marketinginstrumente wird **Marketingmix** genannt. In den einzelnen Bereichen wird die Maßnahmenplanung des *Marketingmix* auf instrumenteller bzw. operativer Ebene des Managements geplant und taktisch umgesetzt.

Zusatzinformation: Im Dienstleistungsmarketing (Tourismus-Marketing) wird der *Marketingmix* häufig um drei weitere Punkte ergänzt, nämlich die Prozesse, die Personen und der physische Beweis. Die Begründung dafür:

– Um die Kundenzufriedenheit sicherzustellen, werden alle **Prozesse**, die zur Erstellung der touristischen Dienstleistung notwendig sind (z. B. Hotel, Fluggesellschaft), beschrieben.

– Insbesondere das Auftreten und die (Fach-)Kompetenz von **Personen** (z. B. Reisebüromitarbeiter) haben Einfluss auf die Zufriedenheit des Kunden mit der Beratungs- und touristischen Leistung.

– Eine Dienstleistung ist nicht physisch greifbar. Dem Kunden fehlen somit wichtige Kriterien zur Beurteilung der Qualität. Ersatzweise kann der Dienstleister versuchen, über geeignete Maßnahmen einen physischen Bezug (den **physischen Beweis**) herzustellen, z. B. in Form von T-Shirts, Kappen, Reisetaschen, Sonnenschirmen, Versicherungspolicen usw.

18 Schülerspezifische Antwort.
Vereinfachtes Lösungsbeispiel für eine **Marketingmix-Strategie**:

Marketinginstrument	Kreuzfahrt ins östliche Mittelmeer	Wellnessurlaub an der Ostsee
Kommunikationspolitik	„Das Geburtstagsgeschenk: Eine Kreuzfahrt ins östliches Mittelmeer." „Natur- und Kulturschätze warten auf Sie." „Reisen Sie mit Ihrem Hotel im östlichen Mittelmeer."	„Sie haben es sich verdient!" „Ob Sauna, *Whirlpool* oder Fitnesscenter, wir sind die *Wellnessoase* in Mecklenburg-Vorpommern."
Produktpolitik	Heraklion, Kreta/Griechenland vom 02.05–09.05.11 AIDA Cruises AIDAvita bietet kurzweilige Stunden während des Tages, Schwimmen an Bord, Wellnessbehandlungen während der Kreuzfahrten, Sportsprogramme („Joggen – auf den Kreuzfahrtschiffen ein besonderer Genuss.") und Unterhaltungsprogramme.	drei Übernachtungen Seehotel und Beautyfarm – Heilbehandlung aus dem Meer: unter ganzheitlichen Gesichtspunkten werden dem Körper die Produkte des Meeres (Meerwasser und Algen, von innen und außen) zugefügt, die das körperliche Wohlbefinden und die Gesundheit fördern und stärken.
Preispolitik	ab 1.185,00 €	ab 267,00 €
Distributionspolitik	Buchung über Internet (z. B. www.kreuzfahrt...)	Buchung über Servicetelefon ..., E-Mail ...

S. 534 (Aufgaben zu Kapitel 3)

1 Bewertung der **Vereinbarungen der Reiseveranstalter** A, B und C im Hinblick auf das GWB:

a) Verbot (da Preiskartell)
b) Verbot (da Preiskartell)
c) Verbot (da Preiskartell)
d) möglich

e) Verbot (da Quotenkartell)
f) möglich
g) möglich
h) möglich

2 In der Aufgaben- und Fragenstellung muss es immer heißen Mrd. statt Mio. Unter dieser Voraussetzung gilt die folgende Lösung:

Deutsches Recht bei Gesamtumsatz 19,4 Mrd. €:
a) marktbeherrschende Stellung = 1/3 = 6,46 Mrd. €
   bei 7,5 Mrd. € Gesamtumsatz gegeben; bei 6,4 Mrd. € Gesamtumsatz nicht gegeben
b) marktbeherrschende Stellung = 1/2 = 9,7 Mrd. €
   bei 9,9 Mrd. € Umsatzanteil gegeben; bei 8,5 Mrd. € Umsatzanteil nicht gegeben
c) marktbeherrschende Stellung = 2/3 = 12,93 Mrd. €
   bei 13,2 Mrd. € Umsatzanteil gegeben, bei 11,5 Mrd. € Umsatzanteil nicht gegeben

3 Generell gilt, dass **das GWB** den Wettbewerb schützt und die Bedingungen für einen funktionierenden Wettbewerb regelt. Es kann daher nicht als Verbraucherschutzgesetz bezeichnet werden.

4 Der Bundesminister für Wirtschaft und Technologie kann nach § 42 GWB nur eine Erlaubnis erteilen (**Ministererlaubnis**), wenn im Einzelfall die Wettbewerbsbeschränkung von gesamtwirtschaftlichen Vorteilen des Zusammenschlusses aufgewogen wird (z. B. Standortsicherung der Werften) oder der Zusammenschluss durch ein überragendes Interesse der Allgemeinheit gerechtfertigt ist (z. B. langfristige Energiesicherung).

S. 536 (Aufgaben zu Kapitel 4)

1 Schülerspezifische Antwort.
UWG § 3 schützt Mitbewerber, Verbraucher und sonstige Marktteilnehmer vor unlauteren Wettbewerbshandlungen.

2 Überprüfung von Fällen mithilfe von **UWG § 4**:
a) Verstoß   c) Verstoß
b) Verstoß   d) Verstoß

Zusatzaufgabe DVD (Aufgabe zu Kapitel 4)

3 Die abgedruckten Tatbestände sind **im Hinblick auf das UWG** folgendermaßen zu bewerten:
   – Verstoß, denn ganzjährige erntefrische Rohstoffe sind aus eigenem landwirtschaftlichem Betrieb im Schwarzwald nicht möglich.
   – Verstoß, denn ganzjährige erntefrische Zitrusfrüchte aus eigenem biologischen Anbau sind aus eigenem Betrieb im Schwarzwald nicht möglich.
   – Verstoß, denn diese Praktiken gelten als unzumutbare Belästigung.

Lernfeld 12

S. 547 (Aufgaben zu Kapitel 2)

1 Schülerspezifische Antworten

2 Points of Sales
Vollreisebüros, Firmendienstbüros, Touristikbüros, s. Buchungsstellen

3 Stationärer Vertrieb: Zunahme von 1995 auf 2000, danach kontinuierlicher Rückgang

4 Die Veranstalter können die Verlagerung der Angebotsstruktur in den Online-Vertrieb wesentlich besser auffangen als der stationäre Vertrieb. Das ist durchaus nachvollziehbar, denn die Pauschalreise kann der Kunde online beim Veranstalter oder im stationären Vertrieb buchen. In beiden Fällen handelt es sich jedoch um eine Reise, die von einem Veranstalter konzipiert wurde. Bei den Buchungen der Verkehrsträger hat ebenfalls eine Verlagerung zugunsten des E-Commerce und damit des direkten Vertriebs stattgefunden.

5 Gemeinsamkeiten: Zusammenschluss unabhängiger Reisemittler, die ihre rechtliche Selbstständigkeit nicht verlieren
Unterschiede: Bei den Franchisesystemen wird die wirtschaftliche Selbstständigkeit stärker eingebunden in die Marketingkonzeption des Franchisegebers als bei der Kooperation. Für das Reisebüro fallen höhere Kosten an.

6 Es gibt keine eindeutigen Tendenzen. Die Veranstalter bauen sowohl ihre Filialunternehmen als auch ihre Franchisesysteme aus.

7 Der stationäre Vertrieb verliert Marktanteile zugunsten des E-Commerce, der Reisekanäle, der Callcenter und von branchenfremden Unternehmen (Tchibo, Lidl, Aldi)

8 Travel Agents führen ihre Verkaufsgespräche direkt beim Kunden in dessen Wohnung. Es handelt sich um selbstständige Kaufleute, Handelsvertreter, die auf Provisionsbasis arbeiten. Sie haben im allgemeinen keine Inkassovollmacht, die verbleibt bei ihrem Auftraggeber.

S. 559 (Aufgaben zu Kapitel 3)

1 Konjunkturphasen und Wirtschaft:
a) Schülerspezifische Antwort.
Lösungsbeispiele für die Begriffserklärungen:
Trend = langfristiger Wachstumspfad
saisonale Schwankung = kurzfristige Veränderungen in einer Branche, i. d. R. jahreszeitlich bedingt
Konjunkturschwankung = mittelfristige gesamtwirtschaftliche Veränderung
Konjunkturzyklus = Zyklus zwischen zwei Tiefpunkten aufeinanderfolgender Konjunkturzyklen
b) Der **langfristige Wachstumstrend** spiegelt die langfristige Entwicklung einer Volkswirtschaft wider.

2 Schülerspezifische Antwort.
Die **einzelnen Konjunkturphasen** (Depression, Expansion, Boom und Rezession) können anhand ihrer Merkmale mithilfe der Grafik im Lehrbuch auf der S. 554 beschrieben und unterschieden werden.

3 Im Gegensatz zur Planwirtschaft dominieren in der Marktwirtschaft Angebot und Nachfrage den Markt. Daher treten Konjunkturschwankungen primär in **marktwirtschaftlich organisierten Industriestaaten** auf.

4 Die **Auswirkungen einer Hochkonjunktur** auf:
– die privaten Haushalte: Nachfrage, Preise, Beschäftigung steigen.
– die Unternehmen: Investitionen, Produktion, Gewinne steigen.
– den Staat: Steuereinnahmen steigen, Sozialleistungen nehmen ab.

5 Die **Auswirkungen einer Depression** auf:
- die privaten Haushalte: Arbeitslosigkeit nimmt zu, Löhne stagnieren bzw. sinken.
- die Unternehmen: Produktionskapazitäten sind gering ausgelastet, Investitionen nehmen ab.
- den Staat: Steuereinnahmen sinken, staatliche Transferleistungen nehmen zu.

6 Erläuterung der Konjunkturindikatoren in den vier Phasen des Konjunkturzyklus:

Konjunkturindikatoren	Depression	Expansion	Boom	Rezession
Arbeitslosenzahl und offene Stellen (Beschäftigung)	Arbeitslosenzahl steigt	Zunahme offener Stellen	nimmt zu	nimmt ab
Investitionsgüternachfrage	verhalten bzw. rückläufig	Investitionsneigung nimmt zu	nimmt zu	nimmt ab
Konsumgüternachfrage	stockend	steigt an	weiterer Anstieg	stagniert bzw. ist rückläufig
Außenhandel	Export entwickelt sich schneller als Importnachfrage = belebende Wirkung; Import entwickelt sich schneller als Exportnachfrage = umgekehrte Wirkung			
Staatseinnahmen und -ausgaben	Einnahmen sinken, Transferleistungen nehmen zu	steigen bzw. sinken	steigen bzw. sinken	Abnahme bzw. Zunahme
Lagerbestände	hoher Bestand	nehmen ab	sind geräumt	nehmen zu
Zukunftserwartungen	Eine optimistische Stimmung hat einen positiven Trend zur Folge, eine pessimistische Stimmung führt zu Rezession bzw. Depression			
Geld und Kredit	Sparneigung steigt, niedrige Zinsen	Sparneigung nimmt ab, Zinsen steigen	Sparneigung nimmt ab, Zinsen steigen	Sparneigung steigt, Zinsen fallen

7 Schülerspezifische Antwort.
Lösungsbeispiel: Durch die internationalen Verflechtungen verliert die nationale Volkswirtschaft immer mehr Instrumente, den Konjunkturverlauf nachhaltig zu beeinflussen.

8 Es ist schwierig, aus den Umsätzen der tourismusnahen Unternehmen den effektiven Umsatz der „Tourismusbranche" herauszufiltern und die **„gesamtwirtschaftliche Lage Tourismus"** zu beschreiben.

9 **Tourismusnahe Betriebe** sind solche, die neben der Tourismusbranche auch andere Wirtschaftsbereiche bedienen. Für die genannten Beispiele gilt:
- Fluggesellschaft: Student fliegt zur Vorlesung nach Berlin, Tourist fliegt im Rahmen einer Städtereise nach Berlin.
- Bahn: befördert sowohl Urlaubsreisende, als auch Tagespendler.

10 Der **Begriff Tourismus ist nach der WTO** so breit gefächert, dass es unmöglich ist, die Lage der Tourismuswirtschaft eines Landes exakt zu beschreiben.

11 Schülerspezifische Antworten.
Lösungsbeispiel Zielkonflikte des Magischen Vierecks:
angestrebtes Ziel – Preisstabilität durch Basiszinserhöhung
gefährdet: Vollbeschäftigung, da die Zinserhöhung zu einer Abnahme der Investitionen führt und somit zu Entlassungen.
angestrebtes Ziel – Wirtschaftswachstum durch Steuersenkungen
gefährdet: Vollbeschäftigung, da die steigende Nachfrage zu höheren Preisen führt und somit die Auslandsnachfrage sinken würde.
angestrebtes Ziel – Vollbeschäftigung
gefährdet: Preisstabilität; da Vollbeschäftigung zu mehr Nachfrage führt, kommt es zu Preiserhöhungen.
angestrebtes Ziel – Außenwirtschaftliches Gleichgewicht
Unter einem „Außenwirtschaftlichen Gleichgewicht" versteht man die Ausgeglichenheit der Zahlungsbilanz, die entsprechend ihrer Definition immer ausgeglichen ist. Somit kann sich die Zielexplikation nur auf bestimmte Teilbilanzen der Zahlungsbilanz beziehen, so z. B. auf den Ausgleich der Leistungsbilanz.

Für den Tourismus würde das Ziel „ausgeglichene Zahlungsbilanz, Dienstleistungsverkehr mit dem Ausland" bedeuten, dass Deutsche z. T. keinen Urlaub mehr im Ausland machen dürften oder der *Incoming*-Tourismus entsprechend des *Outgoing*-Tourismus ansteigen müsste. (Letztgenannte Möglichkeit würde eine Nachfrageerhöhung im Inland auslösen, die zu steigenden Preisen führen würde; die erstgenannte Variante führte zu einem Nachfragerückgang, der Export würde sinken und damit die Beschäftigung im Inland).

12 Das Gesetz zur Förderung der Stabilität und des Wachstums der Wirtschaft vom 08. Juni 1967 (Stabilitätsgesetz) entstand nach einer Rezession in Deutschland (1966/1967). Das **Stabilitätsgesetz** entspricht einer nachfrageorientierten Wirtschaftspolitik (Konzept der antizyklischen/keynesianischen Globalsteuerung). Zielsetzung war die Sicherung des gesamtwirtschaftlichen Gleichgewichts durch eine koordinierte Wirtschafts- und Finanzpolitik von Bund und Ländern (§ 1 StWG) trotz etwaiger Zielkonflikte.

13 Schülerspezifische Antworten.

14 Schülerspezifische Antwort.
Beispiel: Das Magische Viereck ist erweitert worden, um auch wirtschaftspolitisch die Sicherung einer dauerhaft umweltgerechten Entwicklung (*sustainable development*) und einer gerechteren Einkommens- und Vermögensverteilung festzuschreiben.
Zusatzinformation lebenswerte Umwelt:
Artikel 20 a GG – „Der Staat schützt auch in Verantwortung für die künftigen Generationen die natürlichen Lebensgrundlagen und die Tiere im Rahmen der verfassungsmäßigen Ordnung durch die Gesetzgebung und nach Maßgabe von Gesetz und Recht durch die vollziehende Gewalt und die Rechtsprechung."
Die Einkommens- und Vermögensverteilung in Deutschland weist eine beträchtliche Disparität auf. Das reichste Zehntel der Bevölkerung besitzt fast zwei Drittel des gesamten Vermögens, dagegen verfügen mehr als zwei Drittel der Bevölkerung nur über einen Anteil am Gesamtvermögen von weniger als zehn Prozent. Die Nettolohnquote, also der Anteil der Löhne am Volkseinkommen, betrug im ersten Halbjahr 2008 39,3 %. Die Einkommen aus Unternehmensgewinnen und Vermögen im gleichen Zeitraum 35,8 %.
Zusatzinformation gerechte Vermögensverteilung:
Der Sachverständigenrat zur Begutachtung der gesamtwirtschaftlichen Entwicklung soll Fehlentwicklungen und Möglichkeiten zu deren Vermeidung oder deren Beseitigung aufzeigen, jedoch keine Empfehlungen für bestimmte wirtschafts- und sozialpolitische Maßnahmen aussprechen. Er erhält seine Befugnis durch das Gesetz über die Bildung eines Sachverständigenrates zur Begutachtung der gesamtwirtschaftlichen Entwicklung vom 14. August 1963. Das Gesetz kann im Internet unter www. sachverstaendigenrat-wirtschaft.de eingesehen werden.

15 Das **gesamtwirtschaftliche Gleichgewicht** ist durch folgende Beziehungen gekennzeichnet:
– Angebot an Arbeitskräften = Nachfrage an Arbeitskräften,
– Gütermenge = Geldmenge,
– Wert exportierter Güter und Dienstleistungen = Wert der importierten Güter und Dienstleistungen,
– Preisniveaustabilität = Kaufkraft des Geldes bleibt konstant.
Die deutsche Reiseverkehrsbilanz ist negativ, denn deutsche Urlauber geben im Ausland mehr Geld aus, als umgekehrt durch ausländische Urlauber nach Deutschland fließt. Also müssen mehr Deutsche in Deutschland Urlaub machen oder der *Incoming*-Tourismus muss zunehmen. Dies hätte positive Auswirkungen auf den Arbeitsmarkt, aber nicht auf die Preise, sie würden steigen. Ebenfalls würde der Export aus Deutschland sinken, da im Ausland z. T. das Geld zur Nachfrage deutscher Güter fehlte.
Fazit: Der Tourismus kann nur zu Teilzielen des gesamtwirtschaftlichen Gleichgewichtes beitragen.

16 Die soziale Marktwirtschaft weist Merkmale der Marktwirtschaft und der Zentralwirtschaft auf.

17 Schülerspezifische Antwort.
Beispiele für Aufgaben des Staates zur Ausgestaltung eines Ordnungsrahmens: Wettbewerbsschutz, Verbraucherschutz, Schutz vor Missbrauch der Vertragsfreiheit.

18 Das Grundgesetz verbrieft Freiheitsrechte, schränkt aber auch die Freiheit der Wirtschaftssubjekte im Interesse der sozialen Sicherheit ein. Die Kombination sichert einen funktionsfähigen Wettbewerb.

19 Der soziale Ausgleich in der Bundesrepublik findet statt durch soziale Sicherung und sozialverträgliche Einkommens- und Vermögensverteilung.

20 Schülerspezifische Antwort.

Beispiele:
Artikel 20 (1) G: Die Bundesrepublik Deutschland ist ein demokratischer und sozialer Bundesstaat.
Artikel 14 (3) GG: Eine Enteignung ist nur zum Wohle der Allgemeinheit zulässig.
Artikel 15 GG: Grund und Boden, Naturschätze und Produktionsmittel können zum Zwecke der Vergesellschaftung durch ein Gesetz, das Art und Ausmaß der Entschädigung regelt, in Gemeineigentum oder in andere Formen der Gemeinwirtschaft überführt werden.

S. 563 (Aufgaben zu Kapitel 4)

1 Unter **verdeckter Arbeitslosigkeit** versteht man den Anteil von Arbeitssuchenden, der nicht in der Statistik der BA ausgewiesen ist, weil er nicht amtlich registriert ist bzw. aufgrund von Schulungsmaßnahmen aus der Statistik herausfällt.

2 Berechnung der **Arbeitslosenquote**:

$$\frac{1{,}6 \text{ Mill. Arbeitslose} \cdot 100}{16{,}3 \text{ Mill. Erwerbstätige}} = 9{,}82 \text{ \%}$$

3 Zu **Vollbeschäftigung** kann es in den Konjunkturphasen Expansion und *Boom* kommen, zu **Überbeschäftigung** nur während eines *Booms*.

4 Für die **Tourismusbranche typische Arten von Arbeitslosigkeit** sind:
saisonale (fehlende Auslastung von Winterdestinationen im Sommer), konjunkturelle (während einer Depression, Rezession) und qualifikationsbedingte (z. B. bei allgemein fehlenden Fremdsprachenkenntnissen) Arbeitslosigkeit

5 **Arbeitsmarktpolitik ist auch Sozialpolitik**, weil sie die Vollbeschäftigung sichern bzw. wiederherstellen soll und somit der Erwerbstätige seine existenziellen Bedürfnisse (*Living-Wage*) und seine kulturellen Bedürfnisse (*Cultural-Wage*) u. U. befriedigen kann.

6 Schülerspezifische Antwort.
Beispiele für stärker zu nutzende **Instrumente zur Bekämpfung von Arbeitslosigkeit**:
– Bundesregierung: Steuersenkungen, Senkung der Lohnnebenkosten, Förderung von Umwelttechnologien zur Arbeitsplatzschaffung
– Arbeitgeber: Einführung von Arbeitszeitkontingenten, Förderung von Heimarbeitsplätzen, keine Produktionsverlagerung ins Ausland
– Arbeitnehmer: Fort- und Weiterbildung, größere berufliche und räumliche Mobilität, *Timesharing*

7 Schülerspezifische Antwort.
Lösungsbeispiele: Die Qualifikation der heimischen Arbeitssuchenden entspricht nicht den Anforderungen, die Arbeit wird als minderwertig oder als zu schlecht entlohnt angesehen, es fehlt an Mobilität.

8 Menschen, die arbeiten, verfügen i. d. R. über ein höheres Einkommen als sie vergleichsweise aus Transferleistungen (z. B. Hartz IV) erhalten würden. Aufgrund dessen können sie mehr nachfragen, was zu einer Belebung der **Binnenkonjunktur** führt.
Andererseits benötigen diejenigen, die arbeiten, weniger bzw. keine Transferleistungen und entlasten so die **Sozialsysteme** (spürbare Auswirkung: z. B. Senkung des Beitrages zur Arbeitslosenversicherung von 4,2 % im Jahr 2007 auf 3,3 % im Jahr 2008).

9 Schülerspezifische Antwort.

Lösungsbeispiel:

Contra gesetzliche Mindestlöhne	Pro gesetzliche Mindestlöhne
– widersprechen der Tariffreiheit, – bedeuten mehr Kosten und mehr Bürokratie für die Unternehmen, – treiben Arbeitslosigkeit Geringqualifizierter weiter in die Höhe, – Mindestlöhne vernichten Arbeitsplätze, – unnötig, da in einigen Wirtschaftszweigen tarifliche Mindestlöhne bereits existieren, die nach dem Arbeitnehmer-Entsendegesetz (AEntG) für allgemeinverbindlich erklärt wurden (Fachwerker, Bauhauptgewerbe Westdeutschland 12,40 €/Stunde, 2007 und Gebäudereinigerhandwerk Ost 6,36 €/Stunde).	– Kampf gegen Billiglohn-Konkurrenz aufnehmen, – verbessern die Einkommenssituation von Beschäftigten im Niedriglohnsektor, sodass deren Existenzminimum allein durch ihr Arbeitseinkommen ohne zusätzliche Sozialleistungen gesichert werden kann, – hat Nachfrage stützende Wirkung, – entspricht einer *fairen Entlohnung*", – ist ein Mittel im Kampf gegen das sogenannte Lohn*dumping* durch Arbeitskräfte aus Osteuropa.

10 Schülerspezifische Antwort.
Lösungsbeispiele für mögliche Gefahren bei weiterer Zunahme **„atypischer Arbeitsverhältnisse"**:
- lassen häufig keine familienfreundliche Gestaltung des Lebens zu (trifft insbesondere die schwächeren Gruppen auf dem und außerhalb des Arbeitsmarktes),
- häufige Praxis: hoher Grad an Fremdbestimmung und niedrige Bezahlung,
- weitere Segmentierung auf dem Arbeitsmarkt, die Frauen benachteiligt und zur Verfestigung traditioneller Geschlechterrollen beiträgt,
- Arbeitnehmer und Arbeitnehmerinnen sind nur schwer zu organisieren,
- Planbarkeit des Lebens und soziale Anerkennung sind häufig nicht gegeben bzw. eingeschränkt,
- ergibt schlechtere, berufliche Perspektiven

11 Beitrag verschiedener Instrumente zur Bekämpfung von Arbeitslosigkeit:
Expansive Fiskalpolitik
Der Staat kann durch eine expansive Fiskalpolitik zur Stärkung der Binnennachfrage beitragen. Dies kann beispielsweise durch Steuersenkungen und durch Erhöhung der Staatsausgaben geschehen. Die Folgen sind eine höhere Nachfrage, höhere Einkommen und Beschäftigung.

Entwicklung des Dienstleistungssektors
Der Staat könnte z. B. in den Sektor der Pflege für Senioren, die Gesundheitsvorsorge, in Seniorenwohngemeinschaften, Kindertagesstätten usw., im Prinzip in alle Formen gesellschaftlicher Arbeit, stärker investieren und somit Arbeitsplätze schaffen.

Arbeitszeitverkürzungen
Die Strategie, mit einer Arbeitszeitverkürzung die vorhandene Menge an Arbeit auf mehr Personen umzuverteilen, baut auf der Annahme auf, dass die Arbeitsmenge in einer Volkswirtschaft konstant ist. Dies trifft ggf. für ein Unternehmen zu, keinesfalls aber für eine Volkswirtschaft. Somit ist dieser Ansatz falsch.

Verstaatlichter Wirtschaftsbereich
Eine nationale Wirtschaftspolitik gibt es nicht mehr, auch staatliche Unternehmen stehen unter den Zwängen der Globalisierung.
Das Prinzip der Gewinnmaximierung gilt für staatliche Unternehmen genauso wie für private (Beispiel: Deutsche Bahn).
Eine Verstaatlichung ist nicht im Interesse des Unternehmens und seiner Arbeitsplätze, da dadurch die Arbeiterselbstverwaltung und die demokratische Kontrolle außer Kraft gesetzt werden (jedoch nicht die kapitalistischen Mechanismen).

Ausländerpolitik
Auch Ausländerpolitik kann ein Weg sein, die Alterspyramide zu verändern, solange unser Volk nicht selbst bereit ist, für seinen Fortbestand zu sorgen. Ausländer zahlen als Arbeitnehmer in unsere Sozialsysteme ein und sichern sie damit bzw. bieten als Unternehmer deutschen Arbeitnehmern Arbeitsplätze. Ausländer ermöglichen den deutschen Arbeitnehmern, in qualifiziertere Berufe aufzusteigen, sie decken einen großen Teil der von uns eher „ungeliebten Arbeit" ab.

Aktive Arbeitsmarktpolitik

Ziel von aktiver Arbeitsmarktpolitik (AAMP) ist die Verhinderung von Arbeitslosigkeit und die Förderung von Beschäftigung. Dazu dient eine Vielzahl staatlicher Maßnahmen, wie z. B. die Förderung der beruflichen Weiterbildung sowie Arbeitsbeschaffungs- und Strukturanpassungsmaßnahmen, Eingliederungszuschüsse an Unternehmen und Existenzgründungszuschüsse für ehemals Arbeitslose.

Zusatzinformation: Die bisher vorgelegten Evaluationsstudien zeichnen tendenziell ein negatives Bild der Wirkungen der AAMP.

S. 566 (Aufgaben zu Kapitel 5)

1 Kaufkraftverlust des Geldes wird als **Inflation** (Prozess der Geldentwertung) bezeichnet. Man versteht darunter den Anstieg des Preisniveaus in einer Volkswirtschaft über einen längeren Zeitraum. Unter **Deflation** (Kaufkraftsteigerung des Geldes) versteht man ein über längere Zeit anhaltendes Absinken des Preisniveaus.

2 Schülerspezifische Antwort.
Lösungsbeispiel für dominante Inflationsursachen: Die Teuerung in Deutschland nähert sich der Drei-Prozent-Marke an (Juni 2011). Verantwortlich dafür sind in erster Linie die stark gestiegenen Energie- und Rohstoffpreise. Aber auch das steigende Wohlstands- und Lohnniveau in einzelnen Zulieferländern trägt zum Preisauftrieb in Deutschland bei.

3 Schülerspezifische Antwort.
Lösungsbeispiele zur **Interpretation der Grafik**:
a) Die Grafik beschreibt den Zusammenhang (Zielkonflikt) zwischen Vollbeschäftigung und Preisstabilität.
b) X-Achse = Preisstabilität, Y-Achse = Beschäftigung
c) Aufgrund der Expansion nimmt die Beschäftigung zu, die Nachfrage nach Mitarbeitern führt zu (Neu-) Einstellungen, durch das Abwerben von Beschäftigen aus anderen Unternehmen kommt es z. B. zu höheren Einkommen. Aufgrund des höheren Einkommens steigt die (Konsum-)Nachfrage. Durch die steigende Nachfrage nimmt die Geldmenge zu und es kommt zu einem Ungleichgewicht zwischen Güterangebot und Geldmenge (Angebot < Nachfrage).
d) Dieser Entwicklung kann durch die Geldpolitik der EZB entgegengewirkt werden, in dem sie z. B. den Basiszins erhöht.

4 Die **allgemeine Teuerungsrate** (Lebenshaltungskostenindex : Verbraucherpreisindex) misst die Veränderung des Geldwertes anhand der Preise für die Lebenshaltungskosten.
Die **Veränderung der Kaufkraft** gibt an, um wie viel der Geldwert durch die Teuerungsrate abgenommen hat.
Der **Verbraucherpreisindex** (frühere Bezeichnung „Preisindex der Lebenshaltungskosten") beschreibt die durchschnittliche Entwicklung der Verbraucherpreise bei Gütern der Lebenshaltung.

5 Die **Warenkorbmethode** unterstellt eine Anzahl von Konsumgütern und Dienstleistungen, die nachgefragt werden, und vergleicht über mehrere Jahre hinweg deren Preisentwicklung.
Man misst die **Kaufkraft**, indem man den Verbraucherpreisindex einer vorangegangenen Periode durch den Verbraucherpreisindex der darauf folgenden Peiode dividiert, dieses Ergebnis mit 100 multipliziert und das Produkt um 100 subtrahiert.

6 Schülerspezifische Antwort.
Lösungsbeispiel: Die **Teuerungsrate** kann das frei verfügbare Einkommen schmälern, sodass die Nachfrage absolut abnimmt, es werden weniger Reisen und *Events* gebucht bzw. es kommt zu Umsatzeinbrüchen und es wird weniger ausgegeben.

S. 569 (Aufgaben zu Kapitel 6)

1 Die **Zahlungsbilanz** ist die systematische rechnerische Gegenüberstellung der Werte aller ökonomischen Transaktionen von Waren, Dienstleistungen, Forderungen und Verbindlichkeiten eines Landes mit dem Ausland, innerhalb einer bestimmten Periode nach dem Prinzip der doppelten Buchführung.
Die **Leistungsbilanz** fasst die Handelsbilanz, die Dienstleistungsbilanz und die Übertragungsbilanz zusammen. Sie ist Teil der Zahlungsbilanz.

Außenbeitrag ist die Differenz zwischen Aus- und Einfuhren von Waren und Dienstleistungen, bereinigt um die Erwerbs- und Vermögenseinkommen zwischen Inland und Ausland.
Die **Dienstleistungsbilanz** stellt rechnerisch alle Einnahmen und Ausgaben aus dem Austausch von Dienstleistungen gegenüber (z. B. Tourismus, Zinsen für Auslandsschulden bzw. -guthaben); sie ist Teil der Zahlungsbilanz.

2   Die Ausgaben von Ausländern in Deutschland werden nach dem Inländerkonzept der Volkswirtschaftlichen Gesamtrechnung dem Export zugerechnet. Das bedeutet, der Besuch ausländischer Touristen in Deutschland ist aus deutscher Sicht ein **Dienstleistungsexport**.
Ausgaben von Deutschen im Ausland stellen dagegen einen **Dienstleistungsimport** dar (der Reiseverkehr deutscher Touristen ins Ausland ist aus deutscher Sicht ein Import).

3   Übersteigt der wertmäßige Export von Dienstleistungen den wertmäßigen Dienstleistungsimport, liegt eine **aktive Dienstleistungsbilanz** vor.

4   Das „**Reiseverkehrsdefizit**" dient unserer Binnenwirtschaft, weil die Ausgaben der Deutschen im Ausland dort zu Einkommen führen, und dieses z. T. für die Nachfrage bei uns verwendetet wird.

5   Schülerspezifische Antwort.
Lösungsbeispiele für **positive Effekte der Tourismuswirtschaft** in Bezug auf:
– **die Produktion**: ausländische Destinationen fragen z. B. nach deutschem Bier, deutschen Zeitschriften, deutschen Nahrungsmitteln und deutschen Verkehrsmitteln.
– **die Beschäftigung**: die o. g. Nachfrage führt zu mehr Beschäftigung in den entsprechenden Brauereien, Druckereien, in der Nahrungsmittel- und Automobilindustrie.
– **die Einkommen**: die Mitarbeiter erzielen Einkommen aufgrund der ausländischen Nachfrage. Deutsche Transportunternehmen befördern die Güter in die entsprechenden Destinationen und erzielen ebenfalls indirektes Einkommen aufgrund der ausländischen Nachfrage.

6   Die richtige Zuordnung zu den Einzelbilanzen ergibt die folgende Tabelle:

Gegebenheit	Einzelbilanz
Autos aus Frankreich kaufen	Leistungsbilanz (Handelsbilanz)
Bier in Dänemark kaufen	Leistungsbilanz (Handelsbilanz)
Kellnereinkommen in Deutschland	betrifft die Zahlungsbilanz nicht
deutscher Gast zahlt Hotelrechnung in Portugal	Dienstleistungsbilanz
Kunde aus Deutschland überweist Geld in die Türkei für Lederwaren	Leistungsbilanz (Handelsbilanz)
Eltern überweisen ihrer Tochter Geld nach Großbritannien	Vermögensbilanz
griechischer Gastarbeiter überweist Geld nach Griechenland	Vermögensbilanz
Österreicher überweist Miete für Ferienwohnung an der deutschen Nordsee	Leistungsbilanz (Bilanz der Erwerbs- und Vermögenseinkommen)

S. 575 (Aufgaben zu Kapitel 7)

1   Die **Wechselbeziehung zwischen Einkommen und Vermögen** stellt sich so dar: Einkommen kann Vermögen erwirtschaften und Vermögen Einkommen. Beispiel: Ein Teil des Einkommens kann gespart werden; dadurch werden Zinseinkünfte (Vermögen) erzielt. Durch das Einkommen kann eine Eigentumswohnung (Vermögen) erworben werden, dadurch werden Mieteinkünfte erzielt.

2   *Living-Wage*: Sicherung der Existenz
Cultural-Wage: Sicherung der subjektiven kulturellen Existenz
Tourismusangebote zielen auf beide Begriffe, da sie entsprechend der Bedürfnisvielfalt des Menschen Grundbedürfnisse einerseits und Individualbedürfnisse andererseits befriedigen.

3   Schülerspezifische Antwort.
Beispiel für **Maßstab einer gerechten Einkommens- und Vermögensverteilung**: Der einzelne Mensch sollte in der Lage sein, seine Grundbedürfnisse zu befriedigen (z. B. Wohnen, sich versorgen, sich kleiden, medizinische Versorgung).

4 Schülerspezifische Antwort.
Beispiel: **Gerechte Einkommensverteilung** ist eine ethische Größe – jeder Betroffene interpretiert sie anders.

5 Berechnung der **Lohnquote**:

$$\frac{\text{Einkommen aus unselbstständiger Arbeit 220 Mrd.}}{\text{Volkseinkommen 300 Mrd.} \cdot 100} = 73{,}33 \text{ Mrd. €}$$

Berechnung der **Gewinnquote**:

$$\frac{\text{Einkommen aus Unternehmertätigkeit 60 Mrd. + Einkommen aus Vermögen 20 Mrd.}}{\text{Volkseinkommen 300 Mrd.} \cdot 100} = 26{,}66 \text{ Mrd. €}$$

6 Die Einkünfte (Gehalt, Vermietung, Zinsen) sind der **Gewinnquote** zuzurechnen.

7 Schülerspezifische Antwort.
Beispiele für die **Gestaltungsmöglichkeit des Staates** bei der Sekundärverteilung: Kindergeld, BAföG, Sparzulagen, Arbeitslosengeld usw.

8 Die **Ziele der Besteuerung** sind:
– fiskalisch: der Staat kann in den Konjunkturverlauf eingreifen.
– verteilungs- und sozialpolitisch: z. B. bei der Förderung von Familien mit Kindern
– wirtschafts- und finanzpolitisch: z. B. bei der Förderung einzelner Wirtschaftsbereiche.

9 Der **Grundfreibetrag** ist in den vergangenen Jahren kontinuierlich gestiegen. Dies soll zur Entlastung der Steuerbürger führen.

10 Schülerspezifische Antwort.
Beispiele für **Transferzahlungen als Azubi**: BAföG, Wohngeld, Kindergeld

11 Schülerspezifische Antwort.
Beispiele für **persönlich bedeutungsvolle öffentliche Güterangebote**: Nahverkehr, Theater, Schwimmbad

12 Die Lohnquote und die Gewinnquote ergeben zusammen 100 %.

$$\textbf{Gewinnquote} = \frac{\text{Einkommen aus Unternehmertätigkeit + Vermögen (Gewinn + Miete + Zinsen + Pacht)}}{\text{Volkseinkommen} \cdot 100}$$

$$\textbf{Lohnquote} = \frac{\text{Einkommen aus unselbstständiger Arbeit (Löhne + Gehälter)}}{\text{Volkseinkommen} \cdot 100}$$

13 **Bewertung der Aussagen:**
richtig, falsch, richtig, richtig

S. 581 (Aufgaben zu Kapitel 8)

1 Das Leistungspotenzial der Natur als Produktionsfaktor ist nicht unendlich, seine Inanspruchnahme vermindert, schlimmstenfalls zerstört, ihre Ressourcen. **Ziel der UGR** ist es, Veränderungen im „Naturvermögen", die durch wirtschaftliche Tätigkeiten ausgelöst werden, statistisch zu erfassen.

2 Schülerspezifische Antwort.
Beispiel: Die UGR dokumentiert, welche natürlichen Ressourcen durch den Menschen in einem definierten Zeitraum beansprucht, verbraucht, entwertet, zerstört oder wiederhergestellt werden. Sie liefert damit Daten über den effizienten Umgang von Wirtschaft und Gesellschaft mit Rohstoffen, Energie und Bodenflächen. Diese lassen eine Bewertung über Fortschritte auf dem Weg zu einer angestrebten, nachhaltigen Entwicklung (*sustainable development*) zu.
Je geringer die „**Abschreibungen auf das Naturvermögen**", desto größer sind die Schritte in Richtung nachhaltige Entwicklung.

3 Schülerspezifische Antwort.
Beispiel: **Der Tourismus** benötigt u. a. Siedlungs- und Verkehrsflächen, Energie und Wasser und verursacht Emissionen. Er trägt damit zum „Werteverzehr" der Natur bei.

Das **Leistungspotential der Natur** ist aber nicht konstant und unerschöpflich. Durch seine Inanspruchnahme wird es vermindert oder sogar zerstört. Eine nachhaltige Entwicklung (*sustainable development*) muss Leitbild für den Tourismus sein, da es ohne diese in Zukunft keinen Tourismus mehr geben wird. Die UGR muss dieses Leitbild durch Zahlen in die Köpfe der Menschen bringen.

4 Schülerspezifische Antwort.

Lösungsbeispiele:

a) Die Tourismuswirtschaft korrespondiert mit allen **UGR-Darstellungsbereichen:**
   – **Belastungsseite:** Material- und Energieflussrechnungen (Nutzung von Fläche und Raum)
   – **Zustandsseite:** Indikatoren des Umweltzustands
   – **Maßnahmenbereich:** Umweltschutz (Vermeidungskosten)

b) Schülerspezifische Antwort.

5 Schülerspezifische Antwort.

Lösungsbeispiel: **Sanfter bzw. nachhaltiger Tourismus** ist durch folgende Merkmale gekennzeichnet:
   – er ist sozial, kulturell, ökologisch und wirtschaftlich verträglich,
   – er ist langfristig, d. h. steht in Bezug zu heutigen und zukünftigen Generationen,
   – er ist ethisch, sozial gerecht und kulturell angepasst,
   – er ist ökologisch tragfähig sowie wirtschaftlich sinnvoll.

Trotz quantitativen Wachstums der Tourismusbranche muss die Belastung von Boden, Wasser, Luft und der Flächenverbrauch zurückgehen. Das Ziel muss sein: Senkung des Ressourcenverbrauchs und Erhöhung der Effizienz bei Nutzung natürlicher und kultureller Ressourcen. So kann die UGR positiv beeinflusst werden.

6 Schülerspezifische Antwort.

Artikel 20 a GG (siehe Antwort 14, Aufgaben zu Kapitel 3) proklamiert Umwelt- und Tierschutz. Nur **Angebot und Vertrieb nachhaltiger Tourismusprodukte** kann dieser Verantwortung gerecht werden.

7 Schülerspezifische Antwort.

Lösungsbeispiele:

Ordnungspolitische Instrumente der Umweltpolitik sind Einhaltung von Bauartennormen, Festlegung von Emissionsnormen, Veränderung von Eigentumsrechten wie Umwelthaftung usw.

Fiskalpolitische Instrumente der Umweltpolitik sind Umweltabgaben und -subventionen, handelbare Umweltnutzungsrechte, Gewährung von Vorteilen für Nutzer umweltfreundlicher Produkte usw.

8 Schülerspezifische Antwort.

9 Schülerspezifische Antwort.

Lösungsbeispiele zu „Umweltpolitik ist aktive Tourismuspolitik":

Küstenschutz durch intakte Vorländereien, sichere Deiche, andere Küstenbauwerke, Schutz der sandigen Brandungsküsten, Entwässerung durch Gräben und Abführung des Wassers über Siele und Schöpfwerke, vorbeugender Schutz von Wasser, Luft und Boden mit dem Ziel u. a. den Produktionsfaktor Natur zu erhalten.

Die **Aufforstung des Regenwaldes** trägt zu zwei Effekten bei: feuchtheiße Regenwälder binden und neutralisieren Kohlendioxid und produzieren Dunstwolken, die die Erdoberfläche vor Erwärmung schützten (Wolken reflektieren – ähnlich wie Schneefelder – die Sonnenstrahlen).

Emissionsreduzierung: Der Mensch und seine Zivilisationen emittieren Rauch, Gase, Staub, Abwasser und Gerüche, aber auch Geräusche, Erschütterungen, Licht, Wärme und Strahlen. Jeder der genannten Faktoren beeinträchtigt den Tourismus.

Errichtung von Naturschutzgebieten, denn sie erhalten bzw. stellen Lebensräume wieder her, sodass Artenvielfalt in Tier- und Pflanzenreich erhalten bleiben. Gerade diese Gebiete werden gerne zur Naherholung aufgesucht. Der Naturschutz widmet sich insbesondere dem Schutz regionaltypischer Landschaften, wildlebender Tier- und Pflanzenarten, von Ökosystemen und Ökotopen, von Boden, Wasser und Luft und Landschaften.

Geführte Wanderungen werden von speziell ausgebildeten Fachleuten auf bestehenden Wanderwegen durchgeführt, sodass weder Flora noch Fauna gestört bzw. beeinträchtigt werden. Dazu gibt es meistens Erläuterungen zur Ökologie und Informationen zum Lebensraum. Somit wird auch hier der Produktionsfaktor Boden geschont.

Die **Versorgung der Gäste mit heimischen Produkten** stärkt die regionale Infrastruktur und die regionale Kaufkraft, schafft und sichert Arbeitsplätze, verkürzt die Lieferwege. Auf Kundenwünsche kann schnell reagiert werden, frische Rohstoffe kommen zur Verarbeitung, es wird langfristig die Versorgung mit qualitativ hochwertigen Rohstoffen gesichert, die Landwirte werden beim Erhalt von Obst- und Getreidesorten unterstützt. Aufgrund von jahrelangen Kontakten zu den Lieferanten wird die Lebensmittelsicherheit erhöht. Der Gast erlebt „Bio" zum anfassen und probieren.

S. 585 (Aufgaben zu Kapitel 9)

1   Die **EZB ist unabhängig**, da sie sonst für politische Zwecke eingesetzt werden könnte, z. B. um nationale Vorteile zu schaffen.

2   **Geldpolitische Entscheidungen** dürfen nur von Mitgliedern des Eurosystems (EWWU) getroffen werden, weil diese im Zusammenhang mit dem Euro stehen und die Konvergenzkriterien unterlaufen könnten.

3   Durch **Offenmarktpolitik und Offenmarktgeschäfte** wird den Geschäftsbanken Liquidität bereitgestellt. Die entsprechenden Zinssätze dafür haben Leitzinscharakter für die Zinssätze der Geschäftsbanken gegenüber ihren Kunden und damit indirekt auf den Konsum.

4   Benutzt die EZB ihre geldpolitischen Instrumente zur Erweiterung der Liquiditätsspielräume ihrer Geschäftspartner, spricht man von **expansiver Geldpolitik**. Wird das Gegenteil verfolgt ist es **kontraktive Geldpolitik**.

5   Über das geldpolitische Instrument der **ständigen Fazilitäten** können Banken ihren kurzfristigen Liquiditätsbedarf decken bzw. überschüssige Liquidität verzinslich anlegen.

6   Ein **stabiles Preisniveau** ist für die Tourismuswirtschaft wichtig, da z. B. der Verbraucher bei steigenden Preisen sein Buchungsverhalten absolut und relativ ändern könnte und so die Tourismusumsätze sinken würden, was wiederum Auswirkungen auf die Beschäftigungssituation in der Branche haben könnte.

S. 592 (Aufgaben zu Kapitel 10)

1   Qualität bezeichnet das Maß, in dem ein Produkt den bestehenden Anforderungen an das Produkt entspricht. Qualität drückt somit die Wertigkeit eines Produktes aus.

2   Qualität ist das Maß, in dem ein Produkt den bestehenden Anforderungen gerecht wird (siehe Aufgabe 1). Die Anforderungen, die an ein Produkt gestellt werden, können sehr unterschiedlich sein. Bezogen auf ein Reisebüro kann bei einem Kunden die Ausstattung des Reisebüros einen großen Einfluss auf die Beurteilung der Qualität haben, bei einem anderen Kunden ist es das fachspezifische Wissen, welches für diesen Kunden das wesentliche Merkmal zur Qualitätsbeurteilung ist. Um den unterschiedlichen Qualitätsanforderungen der verschiedenen Kunden gerecht zu werden, sollte das Reisebüro bestrebt sein, in möglichst vielen Qualitätsmerkmalen als herausragend wahrgenommen zu werden um bei möglichst vielen Kunden als qualitativ hochwertiges Reisebüro anerkannt zu werden.

3   Schülerspezifische Antworten anhand der drei Ausstattungskriterien der personellen, räumlichen und sachlichen Ausstattung des Reisebüros.

4   Üblicherweise kann in einem Reisebüro der Kunde bei einem Verkaufsgespräch auch den Gesprächen der Mitarbeiter untereinander folgen. Obwohl diese Mitarbeiter nicht in das Verkaufsgespräch mit eingebunden sind, können sie dennoch die Wahrnehmung des Kunden beeinflussen. Dabei können sich folgende Verhaltensweisen positiv auf den Kunden auswirken:
   – freundlicher, respektvoller Umgangston zwischen den Kollegen,
   – freundlicher Umgangston mit Telefongesprächspartnern,
   – aktive Hilfsbereitschaft der Mitarbeiter untereinander,
   – gegenseitige Unterstützung der Kollegen bei Fachfragen,
   – ...

Ebenso können sich folgende Verhaltensweisen eher negativ auf den Kunden auswirken:
- rauer, respektloser Umgangston zwischen den Kollegen,
- Unfreundlichkeit gegenüber Telefongesprächspartnern,
- mangelnde Hilfsbereitschaft der Mitarbeiter untereinander,
- mangelnde Unterstützung der Kollegen bei Fachfragen,
- ...

5 Eine Kundenbefragung dient der Ermittlung von qualitativen Schwächen und Stärken. Kundenbefragungen bieten eine sehr gute Möglichkeit, die Qualitätseinschätzungen der Kunden zu ermitteln, um Verbesserungspotentiale zu identifizieren. Nur durch eine systematische Analyse der Kundendaten können die Verbesserungspotentiale gezielt erkannt und die entsprechenden Prozesse verbessert werden. Eine Prozessverbesserung führt zu einer Qualitätsverbesserung des gesamten Reisebüros. Ohne eine Auswertung der Kundenbefragung wäre eine schnelle Aufdeckung und Behebung von qualitativen Defiziten nicht möglich.

6 a) Die vier Kernelemente des Qualitätsmanagements sind:
   1. Prozesse der Leitungstätigkeit
   2. Bereitstellung von Ressourcen
   3. Produktrealisierung
   4. Messung, Analyse und Verbesserung
   b) Schülerspezifische Lösung. Ausgestaltungsmerkmale könnten sein:
   1. Prozesse der Leitungstätigkeit
      ▪ Unternehmensleitung gibt Verhaltensanweisungen
      ▪ Unternehmensleitung erstellt Verhaltenskodex
      ▪ Unternehmensleitung gibt Prozessanweisungen
      ▪ ...
   2. Bereitstellung von Ressourcen
      ▪ Vorhandensein von Arbeits- und Vertretungsplänen
      ▪ Schulungs- und Fortbildungsmaßnahmen im Unternehmen
      ▪ Förderung des Nachwuchses
      ▪ Inforeisen
      ▪ ...
   3. Produktrealisierung
      ▪ Erstellung eigener Reisen/Touren
      ▪ Katalogerstellung
      ▪ ...
   4. Messung, Analyse und Verbesserung
      ▪ Kundenbefragungen
      ▪ Kundenfeedback nach einer Reise
      ▪ Beschwerden von Kunden
      ▪ Auswertung einer Kundenbefragung
      ▪ ...

7 Die Orientierung an den ISO-Normen ermöglicht die Ausgestaltung des eigenen Qualitätsmanagementsystems anhand international anerkannter Normen. Eine Zertifizierung auf Basis der EN ISO Normen ermöglicht dem Unternehmen zudem eine internationale Vergleichbarkeit und Akzeptanz des Qualitätmanagementsystems. Eine mehrfache, aufwändige Prüfung des Unternehmens aufgrund unterschiedlicher Normen in verschiedenen Ländern entfällt.

8 a) Schülerspezifische Lösung.
   Mit Hilfe der neuen Medien sollten jeweils 10 bis 15 verschieden Leistungsträger auf ihre ISO Zertifizierung untersucht werden. Voraussichtlich werden die Airlines nahezu 100 % zertifiziert sein, Hotels ca. 60 % – 80 % (maßgeblich hier ist das Sterneniveau) und bei den Tourismusverbänden sind es voraussichtlich unter 50 % (Stand Januar 2011).
   Bei den Airlines ist die Sicherheit der Flotte ein ganz entscheidendes Verkaufskriterium. Ein herausragend funktionierendes QM-System ist aus diesem Grunde unabdingbar. Eine fehlende ISO Zertifizierung einer Airline würde bei den Kunden zu einem großen Vertrauensverlust in die Sicherheit der Flotte führen und könnte den Kunden veranlassen, bei einer anderen Gesellschaft zu buchen.

Lernfeld 13

S. 613 DVD (Aufgaben zu Kapitel 1)

1 Projekte haben eine eindeutige Zielvorgabe, sind zeitlich begrenzt, einmalig, sehr komplex und werden durch eine eigens zusammengestellte Projektgruppe aus Spezialisten unterschiedlicher Abteilungen oder Fachgebieten bearbeitet. Die Eckpunkte Terminvorgabe, Budgetvorgabe und Zielvorgabe bilden den Rahmen jedes Projekts und müssen streng beachtet werden.

2 – Projektmanagement kennt keine (oder kaum) Hierarchien, im Team wird gleichberechtigt gearbeitet.
   – Fachkompetenzen verschiedener Bereiche werden zusammengeführt
   – Die Teammitglieder können sich voll auf das Projekt konzentrieren und sind nicht durch ihre Tagesaufgaben abgelenkt.
   – Bei gut funktionierenden Teams identifizieren sich die Mitglieder schnell und stark mit der Aufgabe, was höhere Motivation und Produktivität mit sich bringt.

3 Schülerspezifische Antwort bzw. Durchführung. Siehe dazu „Grundlegendes zur Teamarbeit", insbesondere zu c) den Teil „Feedbackregeln"!

4 Karikaturen sollen zunächst nur beschrieben werden ohne zu interpretieren (drei Männer mit sehr dunklen Sonnenbrillen sitzen in einem Ruderboot. Einer sitzt mit dem Rücken zu den anderen, pfeift vor sich hin und liest die Zeitung. Die anderen beiden strengen sich beim Rudern mächtig an.). Anschließend kann die Karikatur interpretiert werden:
„Auf welches Problem will der Karikaturist aufmerksam machen?"
Im Team gibt es oft Mitglieder, die sich heimlich vor der Arbeit drücken, evtl. sogar ohne dass die anderen Mitglieder es merken. Das „Boot" kommt aber trotzdem mitsamt dem „Drückeberger" am Ziel an (wenn auch langsamer).
„Haben Sie schon ähnliche Situationen erlebt?"
Schülerspezifische Antworten, Erfahrungsaustausch.
„Welche Gegenmaßnahmen können ergriffen werden?"
Schülerspezifische Antworten. Z. B. offene Kommunikation, regelmäßige Feedback-Runden etc.

S. 633–634 DVD (Aufgaben zu Kapitel 2)

1

	Projektorientierter Teilbereich	Reine Projektorganisation	Stabs-Projektorganisation	Matrix-Projektorganisation
Projektverantwortung	Ist klar vorgegen, Projektleiter berichtet an den Abteilungsleiter	Ist klar vorgegen, Projektleiter berichtet an die Geschäftsleitung	Liegt bei den Stäben und der Geschäftsleitung. Stäbe haben allerdings keine Weisungsbefugnis, deshalb ist es auch schwer für sie, Verantwortung zu übernehmen.	Liegt bei dem Projektmanager, der muss sich allerdings mit den Fachabteilungen abstimmen

	Projektorien-tierter Teilbereich	Reine Projekt-organisation	Stabs-Projekt-organisation	Matrix-Projekt-organisation
Informationsfluss	Wie im Ein-Linien System langsam, da alle Entscheidungen, die nicht nur die Fachabteilung betreffen, über die Geschäftsleitung gehen müssen	Schnell, da die Projektleitung direkt an die Geschäftsleitung berichtet.	Stäbe berich-ten direkt an Geschäftsleitung. Expertenmacht der Stäbe kann Informationsfluss einschränken	Schnell, da die Projektleitung direkt an die Geschäftsleitung berichtet. Aber schwierige Ent-scheidungsfin-dung, da die Abstimmung mit den Fachab-teilungen zu erfol-gen hat.
Belastung der Mitarbeiter und der Projektleiter	Hohe Belastung, da neben dem Tagesgeschäft auch Projekte durchgeführt wer-den müssen.	Geringe Bela-stung, da alle Projektmitarbeiter nur für dieses tätig sind, evtl. Überlastung der Geschäftsleitung	Geringe Bela-stung, da alle Projektmitarbeiter nur für dieses tätig sind, evtl. Überlastung der Geschäftsleitung	Hohe Belastung der Mitarbeiter (nicht Pro-jektmanager), da neben dem Tagesgeschäft auch Projekte durchgeführt werden müssen.
Konflikte	Gering, da klare Organisations-struktur vorhan-den ist	Gering, da klare Organisations-struktur vorhan-den ist	Komptenzgeran-gel zwischen den Stäben und den Fachabteilungen, Missbrauch der Stäbe als Sprachrohr der Geschäftsleitung	Uneinheitliches Leitungsgefüge verursacht viele Konflikte zwischen den Fachabtei-lungen und dem Projektmanager
Bereitstellung von Mitarbeitern	Fester Mitarbeiter-stamm wird ein-gesetzt, der auch nach Projektende im Unternehmen bleibt	Mitabeiter werden aus ihren Abtei-lungen ausge-gliedert oder für das Projekt neue Mitarbeiter einge-stellt. Problem der Reintegration der Mitarbeiter nach Projektende.	Mitabeiter werden aus ihren Abtei-lungen ausge-gliedert oder für das Projekt neue Mitarbeiter einge-stellt. Problem der Reintegration der Mitarbeiter nach Projektende.	Fester Mitarbeiterstamm wird eingesetzt, der auch nach Projektende im Unternehmen bleibt
Motivation	Eher gering, da Projekte „neben-bei" stattfinden	Hoch, da die Pro-jektmitarbeiter nur für „ihr" Projekt arbeiten und damit die Identifikation mit dem Projekt hoch ist	Hoch, da die Pro-jektmitarbeiter nur für „ihr" Projekt arbeiten und damit die Identifikation mit dem Projekt hoch ist	Der Mitarbeiter eher gering, bei dem Pro-jektmanager eher hoch, da er nur für sein Projekt verantwortlich ist.

2 Schülerspezifische Antworten.

3 a) Antwort gem. Kapitel 2, insbes. Kapitel 2.2, Projektablauforganisation
  b) Gruppenarbeit und Erprobung der Methoden gem. Kapitel 2.1

4 Die Gesamtpufferzeit ist 102 Tage. Man beachte allerdings, dass die Pufferzeit von 25 Tagen bei den Vorgängen 5/11/12 nur einmalig zur Verfügung steht.

5 Um 7 Tage, da der Vorgang 13 „Restzahlung" auf dem kritischen Pfad liegt.

6 a) – Siehe Abbildung Netzplan auf der nächsten Seite
     – Gesamtpufferzeit: Vorgang 7 (1 Min) + Vorgang 8 (6 Min) + Vorgang 10 (4 Min) = 11 Min
  b) Siehe Netzplan
  c) Keine Auswirkung, da 2 Minuten Puffer bestehen
  d) Das Frühstück verzögert sich um 2 Minuten, da „Tisch decken" auf dem kritischen Pfad liegt.
  e Z. B. Beschleunigung anderer Vorgänge (Tischdecken), Tisch erst am Abend abräumen
  f) Logische und zeitliche Strukturierung, übersichtliche Darstellung, Resourcenplanung, Erkennen von Verzögerungen und ihrer Auswirkungen

7 Schülerspezifische Bearbeitung.

6 Netzplan Frühstück

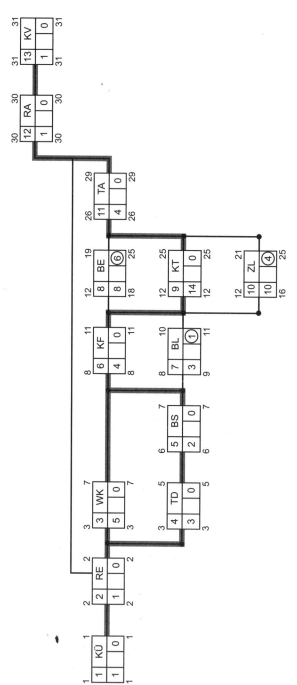